Gente Joven

Lehrbuch

Autoras: Encina Alonso, Neus Sans

Coordinación editorial y redacción: Jaime Corpas
Corrección: Eduard Sancho
Diseño y maquetación: Enric Font

Verlags- und Beratungsteam der deutschen Ausgabe:
Pädagogische Beratung: Ursula Vences
Deutsche Redakteurin: Barbara Ceruti
Verlagsredaktion: Montse Belver, Jasmina Car
Glossar: Dafne Anguera, Juliane Echternkamp

Ilustraciones: Javier Andrada, David Revilla, Man (cómics págs. 17, 27, 37, 42, 57, 69, 81, 86,), Enric Font, Joaquín Salvador Lavado (Quino) (pág. 16 y 43)
Fotografías: Frank Kalero **excepto:** Unidad 1: pág. 10, 11, 14, 16 Enric Font, Europa Press, pág. 17 Pol Wagner y Xavier Viñas / Unidad 2: pág. 21 Marc Javierre, pág. 27 Educación sin Fronteras / Unidad 3. pág. 37 Jorge Represa Bermejo / Unidad 4: pág. 47, 48, 49, 58 Marc Javierre / Unidad 5: pág. 63 Enric Font, pág. 65 Erich Koller, pág. 68 ACI Agencia Fotográfica / Unidad 6: pág. 73 Matilde Martínez, pág 71 Enric Font, pág. 74 Carlos Sarmiento, Enric Font, Pau Cabruja, pág. 75 ACI Agencia Fotográfica, pág. 79 Enric Font, pág. 80 Jaume Cabruja, pág. 81 Jaime Corpas / Unidad de repaso 4, 5 y 6: pág. 88 Enric Font
Grabación: Estudios CYO
Canciones: Encina Alonso, Neus Sans, Detlev Wagner

Agradecimientos:

Aleix Bayé, Laura Bayé, Marta Boades, Jaume Cabruja, Cristina Esporrín, Gerard Freixa (Textura Ediciones), Martí Gumbert, Sam Gutiérrez, Sara Gutiérrez, Charo Izquierdo, Erich Koller, Elvira Lindo, Matilde Martínez, Mercè Martínez, Albert Miquel, Eduard Miquel, Judith Mir, Gemma Olivas (Educación sin Fronteras), Alba Rabassedas, Mireia Turró, Emilio Uberuaga, Xavier Viñas, Pol Wagner.
IES Palau Ausi de Ripollet (Barcelona) y a sus alumnos: Laura Carrasco Martínez, Joshua Cortés Herrera, Jeinaba Daffeh Hereza, Ana G. Samper, Katia G. Samper, Lorena Garvín Molina, Johnny Gaspar Utrera, Esther Gil Rodríguez, Cristian Lledó Pérez, Priscila López Julines, Alba Pampín Navines, María Ángeles Martínez, Judith Martínez Godayol, Sara Navarrete Palos, Marta Sáez Tejo, Judith San Segundo Cordones, Sabina Sánchez Aller, Jonatan Sánchez Garrido, Anna Serra Bravo.

1. Auflage A 1 5 4 3 2 | 2008 2007 2006

ISBN: 3-12-535740-3

Impreso en España por RARO

difusión
Centro de Investigación y Publicaciones de Idiomas, S. L.

Vertrieb für die deutsche Ausgabe:
Ernst Klett Verlag GmbH
Stuttgart

Best.-Nr. 3-12-535740-3

www.difusion.com

Gente Joven

1

Spanischkurs für Jugendliche

Encina Alonso
Neus Sans

¿Wie funktioniert

Jede Lektion beginnt mit einer Einstiegsseite, die kurz dar-
stellt, was in dieser Lektion gemacht wird und was du dabei
lernen wirst.

Gente joven ist „handlungsorientiert" konzipiert. Was bedeutet das genau? Nun, eine Sprache lernen bedeutet unserer
Überzeugung nach vor allem, etwas mit dieser Sprache tun zu
können, zum Beispiel eine interessante Information weiterzuge-
ben oder einen Witz zu verstehen. Man lernt sprechen, indem
man spricht und man lernt schreiben, indem man schreibt, so
wie man tanzen oder Fußball spielen lernt, indem man es einfach tut. Daher der Begriff „handlungsorientiert".

Das heißt für dich, dass du aktiv am Unterricht mitwirken musst.
Warte nicht darauf, dass dir deine Lehrerin oder dein Lehrer
alles erklärt. Vieles kannst du allein oder gemeinsam mit deinen
Klassenkameradinnen und –kameraden entdecken. Du wirst
sehen, wieviel Spaß es macht, eine Sprache zu erlernen!

Nach der Einstiegsseite kommt ein großer **Übungsteil**.
Ihr werdet gemeinsam Texte erarbeiten, Theater spielen,
Dialoge hören, spielen, schreiben, usw. und so die spani-
sche Sprache immer besser kennen lernen und eigene
Erfahrungen sammeln, indem ihr mit euren Kameradinnen
und Kameraden und dem Lehrer oder der Lehrerin
Spanisch sprecht.

Wenn du die-
ses Zeichen
(A Z) siehst, so
bedeutet das,
dass du neue
Wörter suchen
sollst und diese
dann in deine
**persönliche
Wörterliste**
eintragen
kannst.

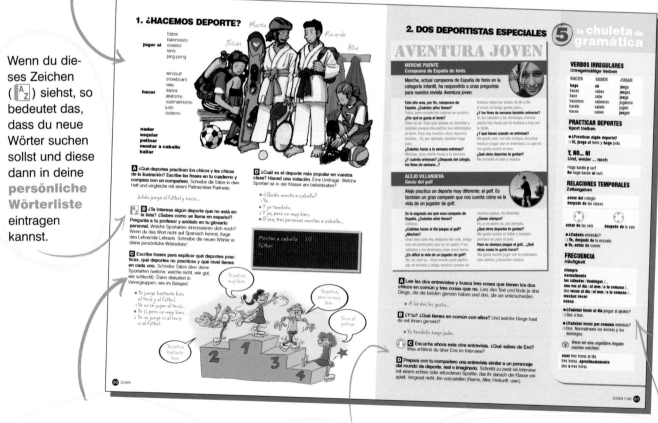

Im Übungsteil steht bei den
Beispielen dieses Symbol (●, ○)
für **sprechen** und dieses (✐)
für **schreiben**.

Das ist das Symbol für
einen **Hörtext**.

Auf jeder Seite findest du einen
Grammatikteil, kurz „Spickzettel" genannt, **La chuleta de gramática**,
in welchem die neuen Strukturen
präsentiert werden.

Gente joven?

Das Magazin **La revista loca** enthält interessante Infos, Texte, Lieder, Kreuzworträtsel, usw., die zum Thema der Lektion passen und die dir Freude an der Sprache vermitteln sollen. So wirst du mehr über Land und Leute erfahren, sowohl über Spanien als auch über Lateinamerika.

Der Comic **La peña del garaje** führt dich durch die Abenteuer der "Garagen-Clique".

Der letzte Teil in jeder Lektion hilft euch dabei, ein **Dossier** mit euren Arbeiten auf Spanisch anzufertigen, so wie es der **Gemeinsame europäische Referenzrahmen** vorsieht. Diese Projekte werden mal in Eigenarbeit, mal in Teams durchgeführt. Es geht hier auch darum, Kontakt mit Mädchen und Jungen aus spanischsprachigen Ländern aufzunehmen. So werdet ihr Spanisch üben und dabei neue Freundschaften schließen!

Im Übungsbuch könnt ihr unter **Para mi portfolio** schriftliche Arbeiten, Collagen und Zeichnungen, aber auch Film- oder Kassettenaufnahmen sammeln.

Nach drei Lektionen gibt es einen Wiederholungsteil, den **Repaso**, der dir erlaubt, deine Fortschritte selbst zu bewerten oder auch eventuelle Lücken zu schließen.

Hier findest du Übungen zum Wortschatz und Leseverstehen, zum schriftlichen und zum mündlichen Ausdruck, sowie einen Grammatiktest, Fragen zur Landeskunde und einen Teil, der dir das Lernen erleichtern soll.

Am Ende des Lehrbuches hast du eine systematische Grammatikübersicht, **La gran chuleta de gramática**, wo du jederzeit nachschlagen kannst, wenn du Zweifel hast oder wenn du bestimmte Strukturen oder Redemittel suchst.

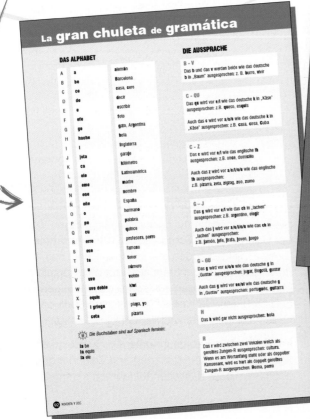

Die Landkarten, **Mapas culturales**, bieten viele interessante Informationen über die Länder, in denen Spanisch gesprochen wird.

Inhalt

① Tú y yo 9

In dieser Lektion werden wir
Informationen über uns und unsere
Freundinnen und Freunde austauschen

Nach dieser Lektion kannst du
- Namen buchstabieren
- über deine Familie sprechen
- jemanden begrüßen und dich verabschieden

Dazu lernst du
- die Zahlen von 0 bis 20
- die Possessivpronomen **mi, mis, tu, tus, su, sus**
- das Präsens der Verben **llamarse, ser** und **tener**
- den Singular und Plural der Substantive
- die Nationalitätenadjektive

② Mi cole 19

In dieser Lektion werden wir
unsere Traumschule erfinden und
jemanden über seine Schule befragen

Nach dieser Lektion kannst du
- über Vorhandenes sprechen: **hay**
- über Vorlieben und Geschmack sprechen: **gustar**
- die Uhrzeiten, Tageszeiten, Wochentage und die Häufigkeit ausdrücken
- Mengen erfragen: **¿Cuántos/as?**

Dazu lernst du
- die Zahlen von 20 bis 100
- die Adverbien **también/tampoco**
- die Possessivpronomen **nuestro/a, vuestro/a**
- den bestimmten Artikel
- die Betonung

③ ¿Cómo eres? 29

In dieser Lektion werden wir
Texte über uns selbst schreiben, um
Brieffreunde zu finden

Nach dieser Lektion kannst du
- das Aussehen und den Charakter einer Person beschreiben
- über verwandtschaftliche und persönliche Beziehungen sprechen
- über Geschmack und Hobbys sprechen: **gustar**
- die Häufigkeit ausdrücken

Dazu lernst du
- den Indikativ Präsens der regelmäßigen Verben
- die Pluralformen der Possessivpronomen
- die Verwendung von **muy, bastante, un poco, nada, tampoco, también, todos los días, a veces, nunca**

Unidad de repaso 1, 2 y 3 39

④ ¡Felicidades! 47

In dieser Lektion werden wir
einkaufen gehen und Geburtstags-
geschenke aussuchen.

Nach dieser Lektion kannst du
- nach dem Preis fragen
- etwas in einer Bar oder im Restaurant bestellen
- über Daten sprechen

Dazu lernst du
- das Verb **estar**
- die Präposition **para**
- die Artikel **un/una/unos/unas, el/la/los/las**
- die Demonstrativpronomen **este/esta/estos/ estas/esto**
- die Zahlen ab 100
- die Farben

⑤ Tiempo libre 59

In dieser Lektion werden wir
eine Umfrage über Freizeit und Hobbys
durchführen

Nach dieser Lektion kannst du
- über Hobbys und Sportarten sprechen
- Häufigkeit und Regelmäßigkeit ausdrücken
- über die Gesundheit sprechen
- Eindrücke und Gefühle ausdrücken
- eine Aktivität vorschlagen, dich verabreden

Dazu lernst du
- die Zeitangaben mit **antes de, después de**
- einige unregelmäßige Verben wie **hacer, saber, jugar, salir, ver, ir, venir, poder, querer**
- die Konjunktionen **y, no...ni**

⑥ De vacaciones 71

In dieser Lektion werden wir
eine Präsentation eines Landes oder einer
Region vorbereiten

Nach dieser Lektion kannst du
- Informationen zu einem Land/Ort geben
- die Lage von Orten und Dingen beschreiben
- über das Klima sprechen
- über vor kurzem Geschehenes berichten
- über Zukunftspläne sprechen
- ausdrücken, wie sicher du dir einer Sache bist

Dazu lernst du
- den Gebrauch des Perfekts
- die Struktur **ir + a** + Infinitiv zum Audruck der Zukunft
- den Unterschied zwischen **ser** und **estar**
- die Ortsangaben: **en, al norte/sur/... de, al lado de, delante de, detrás de**, usw.
- die unpersönliche Form mit **se**
- die Relativsätze
- den Superlativ
- die Personalpronomen als direktes Objekt

Unidad de repaso 4, 5 y 6 83

La gran chuleta de gramática . . . 91

Mapas culturales 107

Mi vocabulario 113

Lista alfabética del vocabulario . . 134

1 Tú y yo

In dieser Lektion werden wir

Informationen über uns und unsere Freundinnen und Freunde austauschen

Nach dieser Lektion kannst du

- Namen buchstabieren
- über deine Familie sprechen
- jemanden begrüßen und dich verabschieden

Dazu lernst du

- die Zahlen von 0 bis 20
- die Possessivpronomen **mi, mis, tu, tus, su, sus**
- das Präsens der Verben **llamarse, ser** und **tener**
- den Singular und Plural der Substantive
- die Nationalitätenadjektive

1. ADIÓS A LAS VACACIONES

A **¿Están todos?** Nach einer Klassenfahrt geht es wieder nach Hause. Die Gruppenleiterin kontrolliert, ob auch alle da sind. Wer sind die drei, die fehlen? Schreibe die entsprechende Nummer in dein Heft.

I.E.S. ANTONIO MACHADO
GRUPO: 1º ESO
PROFESORA: ISABEL TORNERO

1. Eugenia Alonso Arija
   914926284   móvil: 613348595
2. Iñaki Arrizabalaga Garmendia
   913627394
3. David Blanco Gutiérrez
   914638502   móvil: 669395474
4. Martín Blanco Gutiérrez
   913638502   móvil: 669395475
5. Lorena Cañas Aral
   918253749
6. Alba Casado Gil
   916236491   móvil: 69374856
7. Sara Luna Rico
   913527394   móvil: 61757309
8. Pablo Márquez Ruiz
   916679065
9. Cristina Martínez Verdú
   918464924
10. Fátima Massana Nasret
    916340478
11. Jonathan Pérez Nanotti
    913373947
12. Paula Rojo Azcárate
    918273940   móvil: 619476485
13. Joaquín Vázquez Robles
    918364342
14. Javier Vázquez Cembrero
    916538453

B **¿Conoces algún otro nombre o apellido español?** Schreibe weitere spanische Vor- oder Nachnamen, die du kennst, und sprecht in der Klasse darüber.

• Sí, Antonio Banderas.

C **¿Qué nombres de la lista son de chico y qué nombres son de chica?** Versuche mit einem Partner oder einer Partnerin die Namen auf der Liste nach Mädchen- und Jungennamen zu ordnen.

• Eugenia es un nombre de chica, ¿no?

D **Lee los nombres en voz alta.** Lies die Namen auf der Liste laut. Welche Namen sind schwer auszusprechen? Bitte deine Lehrerin/deinen Lehrer um Hilfe.

E **¿Qué nombre te parece más bonito?** Welcher Name gefällt dir am besten? Du kannst dir einen Namen aussuchen und ab jetzt für den Spanischunterricht benutzen.

Cristina es un nombre muy bonito

CRISTINA

2. ¿CÓMO SE ESCRIBE?

A ¿Puedes deletrear tu nombre y tu apellido? Mal sehen, ob du deinen Vor- und Nachnamen buchstabieren kannst.

- *Alberto: a, ele, be, e, erre, te, o.*

B Un juego. Ein Ratespiel. Bildet Vierergruppen: Einer fängt an, den Namen einer bekannten Persönlichkeit zu buchstabieren, die anderen müssen möglichst schnell erraten, wer das ist. Es gewinnt die Gruppe, welche die wenigsten Buchstaben gebraucht hat.

- *E, i, ene, ese, te, e...*
- ○ *¡Einstein!*
- *Sí. Vale, seis letras.*

3. CON BE O CON UVE

A Escucha y escribe en tu cuaderno los nombres de ciudades españolas y latinoamericanas. Schreibe die Städtenamen, die du hörst, in dein Heft.

B Compara tu lista con la de tu compañero. Vergleiche mit deiner Partnerin/deinem Partner.

- *¿Bogotá se escribe con be o con uve?*
- ○ *Creo que se escribe con be...*

C El profesor os va a dar las soluciones. Luego, podéis añadir otras. ¿Quién tiene la lista de ciudades más larga? Eure Lehrerin/euer Lehrer zeigt euch die Lösungen. Schreibt weitere Städtenamen hinzu. Wer hat die längste Liste?

4. PALABRAS, PALABRAS

¿Conocéis alguna palabra en español? Welche spanischen Wörter kennt ihr schon? Schließt die Bücher und schreibt alle Wörter, die ihr kennt, an die Tafel! Danach schreibe sie in deine persönliche Wörterliste.

EL ABECEDARIO
Das Alphabet

A	**a**	J	**jota**	R	**erre**
B	**be**	K	**ca**	S	**ese**
C	**ce**	L	**ele**	T	**te**
D	**de**	M	**eme**	U	**u**
E	**e**	N	**ene**	V	**uve**
F	**efe**	Ñ	**eñe**	W	**uve doble**
G	**ge**	O	**o**	X	**equis**
H	**hache**	P	**pe**	Y	**i griega**
I	**i**	Q	**cu**	Z	**ceta**

LOS NÚMEROS DEL 0 AL 10
Die Zahlen von 0 bis 10

1	**uno**	6	**seis**
2	**dos**	7	**siete**
3	**tres**	8	**ocho**
4	**cuatro**	9	**nueve**
5	**cinco**	10	**diez**

DELETREAR
Buchstabieren

- ¿Cómo se escribe tu apellido?
- ○ Ele, o, pe, e, ceta, López.

	con uve?	
¿Se escribe	**con** acento?	
	con hache?	

hola
playa
fiesta

5. ¿QUIÉN ES QUIÉN?

Escribe los números y los nombres en tu cuaderno.
Ordne den Zeichnungen die passende Beschreibung zu. Schreibe anschließend die Nummer mit der entsprechenden Beschreibung in dein Heft.

Se llama Thomas, es alemán y tiene 12 (doce) años.
Se llama Ricardo, es portugués y tiene 13 (trece) años.
Se llama Monique, es francesa y tiene 14 (catorce) años.
Se llama David, es inglés y tiene 15 (quince) años.
Se llama Silvia, es española y tiene 16 (dieciséis) años.
Se llama Igor, es ruso y tiene 17 (diecisiete) años.
Se llama Keiko, es japonesa y tiene 18 (dieciocho) años.
Se llama Paolo, es italiano y tiene 19 (diecinueve) años.

• *Thomas es el número...*

6. MASCULINO Y FEMENINO

A **Forma parejas de la misma nacionalidad.**
Wer hat die gleiche Nationalität? Bilde Paare!

Eric es belga.

Vanessa es inglesa.

Adriana es brasileña.

Petra es alemana.

Marco es italiano.

Nacho es español.

Fred es canadiense.

Carla es italiana.

Bárbara es española.

Ricky es inglés.

Mary es canadiense.

Eduardo es brasileño.

Juliette es belga.

Theo es alemán.

• *Petra y Theo.*

B **Clasifica los adjetivos.** Ordne die Nationalitätenadjektive der nachstehenden Tabelle zu. Schreibe sie in dein Heft.

1 **O – A**
EINIGE ADJEKTIVE HABEN ZWEI ENDUNGEN: MASKULIN **O**, FEMININ **A**
americano, americana

2 **+A**
BEI EINIGEN FEMININEN ADJEKTIVEN WIRD EIN **A** AN DIE MASKULINE FORM GESETZT
francés, francesa

3 **=**
EINIGE ADJEKTIVE HABEN DIE GLEICHE ENDUNG FÜR MASKULIN UND FEMININ
marroquí

C **Con ayuda del diccionario (o de tu profesor), busca tres nacionalidades.** Suche weitere drei Nationalitäten. Du kannst im Wörterbuch nachschlagen oder deine Lehrerin/deinen Lehrer fragen. Neue Wörter schreibst du in deine persönliche Wörterliste.

7. ¡HOLA! YO SOY HUGO

A ¿Cómo se presentan estos chicos y chicas? Escucha y lee el texto. Sich vorstellen. Hör zu und lies mit.

¡Hola! ¿Qué tal? Me llamo Martín. Hablo español y alemán porque mi madre es alemana y mi padre chileno. Soy alemán y chileno.

Yo me llamo Judith. Tengo un gato que se llama "Armonía".

Hola, yo soy Sam. Mi número de teléfono es el 972843898.

Hola, me llamo Yasmín. Tengo tres hermanos. Hablo español, árabe y un poco de francés. Mi número de móvil es el 666845673.

Me llamo Tina. Tengo trece años. Mis padres son argentinos. Yo soy española y argentina. Tengo dos gatos que se llaman "Luna" y "Sol".

¡Hola! Yo soy Alejo. Tengo catorce años. Tengo un perro que se llama "Fiel".

B Con la información que tienes, completa estas frases: Ergänze die Lücken mit den richtigen Namen!

1. Dos personas que tienen gatos:  y ....

2. Una persona que tiene un perro: ....

3. Una persona que no es española: ....

4. Dos personas que tienen dos nacionalidades: .... y ....

5. Dos personas que hablan dos idiomas:  y ....

C ¿Y en vuestra clase? Und wie ist es bei euch in der Klasse? Macht eine kleine Umfrage, schreibt die Namen zu den Fragen an die Tafel!

1. ¿Quién tiene un gato?
2. ¿Quién tiene un perro?
3. ¿Quién tiene dos nacionalidades?
4. ¿Quién habla dos idiomas?

● Yo tengo un gato.
○ ¿Y quién tiene dos nacionalidades?
● Nadie, creo.

la **chuleta** de **gramática**

SALUDOS Y DESPEDIDAS
Sich begrüßen und verabschieden

¡Hola!
¡Adiós!

INFORMACIÓN PERSONAL
Persönliche Informationen

● ¿Cómo te llamas? ● ¿De dónde eres?
○ (Me llamo) Pablo. ○ Soy italiano/a.

● ¿Cuántos años tienes?
○ (Tengo) 12 años.

POSESIVOS
Die Possessivpronomen

mi	mis
tu	tus
su	sus

Mi madre es alemana y **mi** padre chileno. Edu y Clara son **mis** hermanos.

LA FAMILIA
Die Familie

1. Mi padre + mi madre	= **mis padres**
2. Mi hermano + mi hermana	= **mis hermanos**
3. Mi hermana + mi hermana	= **mis hermanas**
4. Mi hermano + mi hermano	= **mis hermanos**

LLAMARSE
Heißen

(yo)	me llamo
(tú)	te llamas
(él, ella, usted)	se llama
(nosotros, nosotras)	nos llamamos
(vosotros, vosotras)	os llamáis
(ellos, ellas, ustedes)	se llaman

SER
Sein

(yo)	soy
(tú)	eres
(él, ella, usted)	es
(nosotros, nosotras)	somos
(vosotros, vosotras)	sois
(ellos, ellas, ustedes)	son

TENER
Haben

(yo)	tengo
(tú)	tienes
(él, ella, usted)	tiene
(nosotros, nosotras)	tenemos
(vosotros, vosotras)	tenéis
(ellos, ellas, ustedes)	tienen

8. NÚMEROS DE TELÉFONO

A **¿De quién es el número que lee vuestro profesor?** Eure Lehrerin/euer Lehrer liest Telefonnummern vor. Zu welchem Namen gehören sie? Spielt zu zweit weiter.

- Seis, uno, siete, uno, nueve, dos, siete, cuatro.
- Es el número de María.

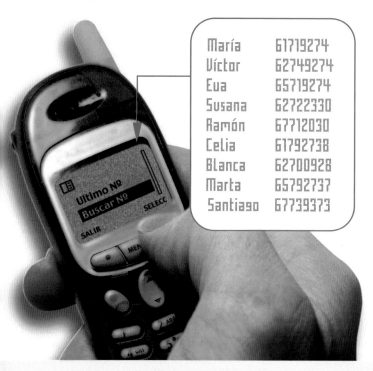

María	61719274
Víctor	62749274
Eva	65719274
Susana	62722330
Ramón	67712030
Celia	61792738
Blanca	62700928
Marta	65792737
Santiago	67739373

B **Un juego: Llamar por teléfono.** Ein Telefonierspiel. Jeder schreibt eine Telefonnummer auf zwei Zettel und gibt einen davon dem Lehrer. Dieser gibt vor, die gezogene Nummer anzurufen und der angerufene Schüler antwortet mit „¿Diga?". Spielt danach untereinander weiter.

9. NOS VEMOS EN EL CHAT

Rocío y Álvaro están chateando. Con un compañero escribe un texto parecido. Rocío und Álvaro chatten. Schreibe mit einem Partner/ einer Partnerin etwas Ähnliches mit euren Daten.

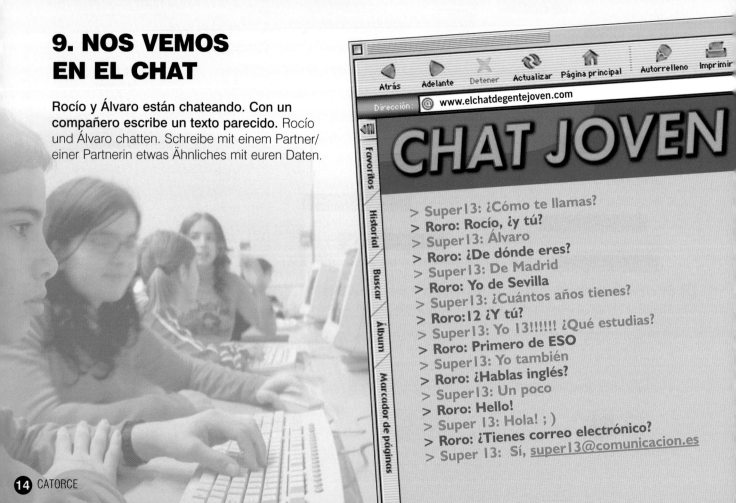

10. ¿EN CUÁNTOS PAÍSES SE HABLA ESPAÑOL?

A Escucha y, luego, contesta a estas preguntas. Escribe las respuestas en tu cuaderno. Hör dir den Dialog an und schreibe die Antworten in dein Heft.

- a. ¿De dónde es Marta?
- b. ¿Cuántos años tiene Pedro?
- c. ¿Tiene hermanos Joaquín?
- d. ¿Cuál es el número de teléfono de Marcos?
- e. ¿Cuántos idiomas habla Samila?

B Ahora os toca a vosotros. Nun seid ihr dran! Einer von euch ist Radiosprecher und die anderen vier werden interviewt. Ihr könnt das Interview auch auf Kassette aufnehmen.

11. MI DNI

Esto es un DNI, documento nacional de identidad español.
Hier siehst du einen spanischen Personalausweis. Wie würde deiner aussehen?

LOS NÚMEROS DEL 11 AL 20
Die Zahlen von 11 bis 20

11	**once**	16	**dieciséis**
12	**doce**	17	**diecisiete**
13	**trece**	18	**dieciocho**
14	**catorce**	19	**diecinueve**
15	**quince**	20	**veinte**

EL TELÉFONO Y EL CORREO ELECTRÓNICO
Telefonnummern und E-Mail-Adressen

- ● ¿Cuál es tu número de teléfono?
- ○ (**Es el**) 914859584.

- ● ¿Tienes móvil?
- ○ **Sí, es el** 67884367.

- ● ¿Tienes correo electrónico?
- ○ **Sí**, alicia@hotline.es.

☀ @ *heißt auf Spanisch* **arroba**.

DATOS PERSONALES
Persönliche Angaben

NOMBRE: Pedro
APELLIDOS: Martínez Arroyo
LUGAR DE NACIMIENTO: Ronda (Málaga)
FECHA DE NACIMIENTO: 14-6-93
DOMICILIO: C/ Zurbano, 14, 28010 Madrid

LA REVISTA LOCA

LOS NOMBRES DE MODA

LOS NOMBRES MÁS POPULARES

Todos tenemos un nombre, ¿verdad? Y el nombre es importante. ¿Por qué te llamas Ana, o Martina, o Manuela? ¿Tu madre se llama así? ¿Tu abuela? ¿Es un nombre bonito? También hay nombres de moda. Estos son los más votados en una web latina. ¿Qué nombres te parecen más bonitos?

Dirección: www.nombresdemoda.com

NOMBRES de HOMBRE				NOMBRES de MUJER			
NOMBRE	VOTOS	NOMBRE	VOTOS	NOMBRES	VOTOS	NOMBRES	VOTOS
Diego	10.444	Juan	1.432	Paula	46.634	Cristina	652
Antonio	5.688	Raúl	1.312	Carolina	2.370	Frida	509
Felipe	3.894	Salvador	1.290	María	2.235	Belén	494
Manuel	3.832	Óscar	1.049	Jennifer	1.294	Alicia	457
Joel	3.572	Pedro	1.016	Isabel	1.264	Sheila	369
Pablo	3.437	Enrique	783	Natalia	1.243	Guadalupe	347
Carlos	2.344	Mario	672	Diana	1.177	Sonia	335
Jesús	1.681	César	666	Flor	979	Coral	326
Miguel Ángel	1.528	Víctor Manuel	570	Susana	887	Miranda	305
Alfonso	1.452	Carlos Alberto	387	Clara	682	Margarita	294

VOTA AQUÍ VOTA AQUÍ

C de Cultura

FAMOSOS QUE HABLAN ESPAÑOL

¿Los conoces?
¿Cómo se llaman?
¿De dónde son?

colombiano/a/s
español/a/es/as
mexicano/a/s
argentino/a/s
estadounidense/s

La, la, la...

SE EQUIVOCA, SE EQUIVOCA

Hola, diga, ¿quién es?
¿Dos, cuatro, cinco, tres?
No, lo siento, aquí no es.
Quiero hablar con Elena.
Pues lo siento, soy Malena.
Quiero hablar con Miguel.
Pues lo siento, soy Rafael.
Hola, diga, ¿quién es?
¿Dos, cuatro, cinco, tres?.
No, lo siento, aquí no es.
Quiero hablar con Cristina.
Pues lo siento, soy Marina.
Quiero hablar con Manuel.
Pues lo siento, soy Gabriel.

Mándanos la foto de tu mascota

Me llamo Javier y mis conejos se llaman "Rasta" y "Fari".

Yo soy Sam. Tengo una burrita que se llama "Zalamera" y que tiene 10 años.

Me llamo Pablo y mi corderito se llama "Pepón".

MI FAMILIA, LA PEÑA Y YO

El DOSSIER de la CLASE

In jeder Lektion wird ein kleines Spanisch-Dossier mit euren schriftlichen Arbeiten, Kassettenaufnahmen, Collagen, Bildern, etc. angefertigt, und zwar mal in Eigenarbeit, mal in Gruppenarbeit. Anhand der erstellten Materialien werdet ihr dann selbst eure Fortschritte sehen. Ihr werdet auch Texte schreiben, die an spanische oder lateinamerikanische Schülerinnen und Schüler geschickt werden können. So werdet ihr neue Freundschaften schließen und Spanisch üben.

EL RETRATO DE UNA PERSONA IMPORTANTE

Du versuchst nun, einen Steckbrief über eine Person anzufertigen, die dir sehr wichtig ist. Das kann z. B. ein Freund oder eine Freundin sein, jemand aus deiner Familie oder auch eine bekannte Persönlichkeit.

AUFGABE:

Finde möglichst viele Informationen zu dieser Person!

DAZU BRAUCHST DU ...

- ein Foto oder eine Karikatur dieser Person

MI RETRATO

Wir werden eine Collage über uns selbst anfertigen.

AUFGABE:

Schreibe möglichst viele Informationen über dich: Vor- und Nachname, Telefonnummer, Adresse, Informationen zu deiner Familie, dein Haustier, welche Sprachen du sprichst, etc.

DAZU BRAUCHST DU ...

- ein Foto, eine Zeichnung oder eine Karikatur von dir (kann jemand aus der Klasse erstellen)
- farbiges Papier oder Karton in einer Farbe deiner Wahl
- Ausschnitte aus Zeitschriften
- Filzstifte
- Klebstoff
- eine Schere

Me llamo Ingrid.

Soy chilena.

Tengo 13 años.

Mi número de teléfono es el 457 36 38. No tengo móvil.

Hablo alemán, un poco de inglés y español.

No tengo hermanos.

Mi correo electrónico es ingrid@online.com

Tengo un perro que se llama "Momo".

Mi cole

In dieser Lektion werden wir:

unsere Traumschule erfinden und
jemanden über seine Schule befragen

Nach dieser Lektion kannst du

- über Vorhandenes sprechen: **hay**
- über Vorlieben und Geschmack sprechen: **gustar**
- die Uhrzeiten, Tageszeiten, Wochentage und die
  Häufigkeit ausdrücken
- Mengen erfragen: **¿Cuántos/as?**

Dazu lernst du

- die Zahlen von 20 bis 100
- die Adverbien **también/tampoco**
- die Possessivpronomen **nuestro/a, vuestro/a**
- den bestimmten Artikel
- die Betonung

1. UN COLE MUY ESPECIAL

A Este es el colegio XY3, en la galaxia Odiseus 5. ¿Qué hay? Qué no hay? Escríbelo en tu cuaderno.
Schreibe in dein Heft, was es in dieser Schule gibt/nicht gibt.

1. ¿Hay sólo niños, sólo niñas o niños y niñas?
2. ¿Hay ordenadores?
3. ¿Hay comedor?
4. ¿Hay patio?
5. ¿Hay transporte escolar?
6. ¿Hay gimnasio?
7. ¿Hay laboratorio?
8. ¿Hay enfermería?
9. ¿Hay campo de fútbol?
10. ¿Hay piscina?
11. ¿Hay profesores?
12. ¿Hay biblioteca?
13. ¿Hay clases de música?
14. ¿Hay libros?
15. ¿Hay pista de tenis?
16. ¿Llevan uniforme?

✎ Hay ordenadores.
No hay profesores.

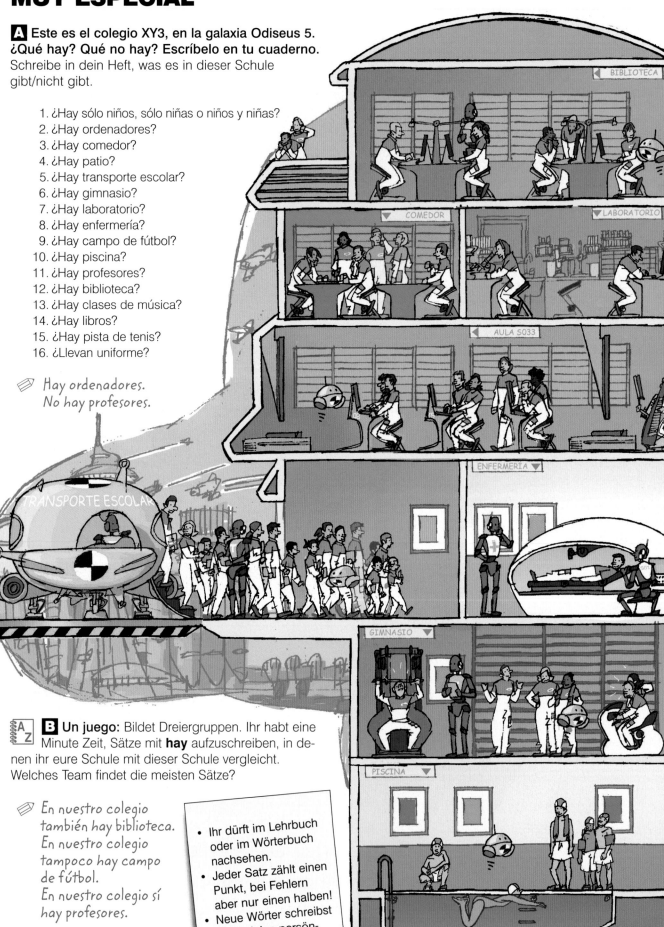

B Un juego: Bildet Dreiergruppen. Ihr habt eine Minute Zeit, Sätze mit **hay** aufzuschreiben, in denen ihr eure Schule mit dieser Schule vergleicht. Welches Team findet die meisten Sätze?

✎ En nuestro colegio también hay biblioteca.
En nuestro colegio tampoco hay campo de fútbol.
En nuestro colegio sí hay profesores.

- Ihr dürft im Lehrbuch oder im Wörterbuch nachsehen.
- Jeder Satz zählt einen Punkt, bei Fehlern aber nur einen halben!
- Neue Wörter schreibst du in deine persönliche Wörterliste.

2. UN COLE DIFERENTE

UN COLE EN EL CIRCO

Actualidad 23

CIRCO KILIAN

Últimas funciones. Días 5, 6 y 7

En el Circo Internacional Kilian hay personas de muchos países: artistas de Brasil, de Francia, de Italia, de Rusia, de Alemania, de Polonia… Hay payasos, acróbatas, domadores de animales… Pero también hay niños. Y los niños necesitan un colegio.

Y en el circo hay un colegio, un colegio sobre ruedas. Es un camión-escuela con todo lo necesario: vídeo, ordenadores, pizarra, biblioteca… También hay calefacción y aire acondicionado.

¿Cómo funciona la escuela del circo Kilian? Pues muy fácil. Hay una sola clase con todos los niños: Alberto (14 años), Sara (12), Markus (12), Estrella (11), Minerva (8), Paolo (5) y el más pequeño, Adam (4). Y naturalmente, un profesor, Tony.

Viajan por España y estudian las mismas asignaturas que los otros niños españoles.

Las clases son de 9h a 2h. Así, por la tarde, pueden ensayar sus actuaciones en el circo, porque también son artistas. Y por eso no hay gimnasio en su escuela. Markus y Adam, por ejemplo, son hermanos y trabajan con su padre como payasos. Estrella trabaja con los caballos y Minerva es trapecista.

HAY
Es gibt

SINGULAR
En nuestro cole **hay** comedor.
En nuestro cole **no hay** comedor.

PLURAL
En nuestro cole **hay** diez aulas.
En nuestro cole **no hay** muchos alumnos.

TAMBIÉN, TAMPOCO
Auch, auch nicht

sí	→	**también**	no	→	**tampoco**

Sí, **también** hay un comedor.
No, **tampoco** hay pista de tenis.

● ¿Hay patio?
○ **Sí, sí hay** (patio).
● ¿Y biblioteca?
○ **Sí, también** (hay biblioteca).
● ¿Y comedor?
○ **No**, comedor **no hay.**
● ¿Y pista de tenis?
○ **Tampoco** (hay pista de tenis).

POSESIVOS
Die Possessivpronomen

MASKULIN	FEMININ
mi instituto	**mi** escuela
tu instituto	**tu** escuela
su instituto	**su** escuela
nuestro instituto	**nuestra** escuela
vuestro instituto	**vuestra** escuela
su instituto	**su** escuela

A **¿Entiendes lo esencial?** In diesem Text gibt es viele Wörter, die du noch nicht kennst. Du kannst das Wesentliche verstehen, anhand

- des Titels,
- der Bilder,
- der Wörter, die du schon kennst,
- der Wörter, die in anderen Sprachen und im Deutschen ähnlich sind.

Vergleicht untereinander, wie viel ihr verstanden habt. Diskutiert auch, durch welche Hilfe ihr ein neues Wort verstanden habt.

B Lee otra vez el texto y escribe dos listas:

- las cosas que son iguales en tu colegio.
- las cosas que son diferentes.

Lies noch einmal und schreibe zwei Listen: die Dinge, die in deiner Schule gleich sind - die Dinge, die anders sind.

🖎 *En mi cole no hay payasos.*

ESCUELA

3. MI ASIGNATURA FAVORITA

A **Esta es la mochila de un estudiante español. ¿Con cuáles de estas asignaturas relacionas cada imagen?** Verbinde die abgebildeten Gegenstände aus dem Schulranzen mit den entsprechenden Schulfächern.

Ciencias Sociales
Ciencias Naturales
Lengua y Literatura
Expresión Plástica
Educación Física
Inglés
Francés
Matemáticas
Informática
Música

● *Ciencias Sociales, cuatro.*

B **¿Cuáles de estas asignaturas tenéis vosotros? ¿Cuáles no? Escribe frases como estas.** Welche Fächer habt ihr? Schreibe Sätze wie im Beispiel.

✐ *Nosotros también tenemos Matemáticas. Nosotros no tenemos...*

C **¿Cuál es la asignatura favorita de la clase?** Eine Umfrage: Welches ist das Lieblingsfach der Klasse? Ein Schüler oder eine Schülerin schreibt die Fächer an die Tafel und macht bei jeder Nennung an der entsprechenden Stelle ein Kreuz. Welches ist das Lieblingsfach der meisten aus diesem Kurs?

● *Mi asignatura favorita es Plástica.*

4. SÍLABAS TÓNICAS

A **Fíjate en estas tres palabras.** Hast du schon bemerkt, dass im Spanischen die Wörter nicht immer auf der gleichen Silbe betont werden? Schau dir mal ganz genau diese drei Wörter an:

B **Clasifica los nombres de las asignaturas.** Dein Lehrer wird nun alle Fächer laut vorlesen. Versuche, diese nach dem Schema 1, 2 oder 3 einzuordnen. Ordne dann weitere Wörter, die du schon kennen gelernt hast, diesem Schema zu.

1. ¿Como **química**? ● ● ● ■ ■ ■

2. ¿Como **literatura**? ● ● ● ■ ■

3. ¿Como **inglés**? ● ● ● ■

5. A MÍ ME GUSTA, A MÍ NO ME GUSTA…

Iván

A Vas a escuchar las opiniones de un chico y de una chica sobre su colegio. Primero copia los temas en tu cuaderno, luego coloca el icono correspondiente. Schreibe die Themen wie unten in dein Heft, höre dann dann gut zu und male das passende Symbol daneben.

Lisa

☺	Le gusta/n mucho
☹	No le gusta/n
☹	No le gusta/n nada

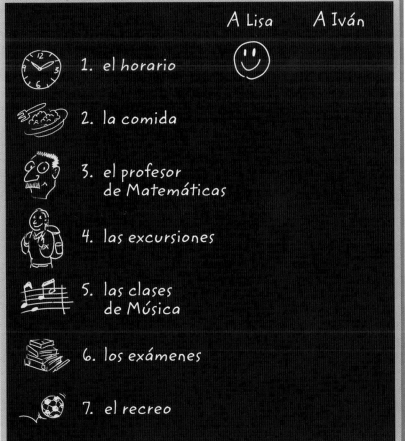

	A Lisa	A Iván
1. el horario		☺
2. la comida		
3. el profesor de Matemáticas		
4. las excursiones		
5. las clases de Música		
6. los exámenes		
7. el recreo		

B ¿Y a ti? ¿Qué te gusta y qué no te gusta de tu cole? Escribe por lo menos tres frases. Schreibe mindestens drei Sätze darüber, was du bei deiner Schule magst/nicht magst.

A mí no me gusta/n nada…
No me gusta/n mucho…
Me gusta/n mucho…

---

② **la chuleta de gramática**

EL ARTÍCULO DETERMINADO
Der bestimmte Artikel

el horario	**la** comida
los exámenes	**las** clases

PREFERENCIAS
Vorlieben

Mi deporte **favorito es** el baloncesto.
Mi asignatura **favorita es** Educación Física.

GUSTAR
Mögen

(A mí)	**me**	
(A ti)	**te**	**gusta** el baloncesto.
(A él, a ella)	**le**	**gustan** las Matemáticas.
(A usted)	**le**	

SINGULAR
Me gusta mucho	
No me gusta	la comida.
No me gusta nada	

PLURAL
Me gustan mucho	
No me gustan	los exámenes.
No me gustan nada	

¿Os gustan las Matemáticas?
Sí, mucho
A mí no

SÍLABA TÓNICA
Die Betonung der Silben

…■□□	Auf der drittletzten Silbe betont
…■□	Auf der vorletzten Silbe betont
…■	Auf der letzten Silbe betont

☀ *Manche Wörter schreibt man mit Akzent, andere wiederum nicht:*

Ética	**Quí**mica	Fran**cés**
fácil	ordena**dor**	Natura**le**za

☀ *Für die Akzentsetzung gibt es Regeln, die wir nach und nach lernen werden. Die einfachste davon lautet: Alle auf der drittletzten Silbe betonten Wörter tragen ausnahmslos einen Akzent auf dieser Silbe.*

Mate**má**ticas	te**lé**fono	**Mé**xico

6. RELOJES

A Escribe en tu cuaderno estas horas. Schreibe die Uhrzeiten in dein Heft.

01.00h	17.45h
12.30h	21.15h
16.00h	23.05h

B Dibujar carteles con horas importantes. Malt Plakate mit für euch wichtigen Uhrzeiten: dem Pausenbeginn, wann eure Lieblingssendung im Fernsehen beginnt, etc. Die Plakate hängen wir im Klassenzimmer an die Wand.

Las tres y media: **LOS SIMPSON**

Las cinco: **SALIDA DEL COLE**

La una y cuarto: **COMIDA**

7. ¿QUÉ HORA ES EN BUENOS AIRES?

¿Qué hora es ahora en los países donde se habla español? Sucht ein spanischsprachiges Land aus und fragt jemanden aus der Klasse, wie spät es jetzt dort ist.

● ¿Qué hora es ahora en Buenos Aires?
○ Son las...

ESPAÑA
Madrid

MÉXICO
Ciudad de México

CUBA
La Habana

REP. DOMINICANA
Santo Domingo

HONDURAS
Tegucigalpa

GUATEMALA
Guatemala

NICARAGUA
Managua

VENEZUELA
Caracas

EL SALVADOR
San Salvador

COSTA RICA
San José

COLOMBIA
Bogotá

PANAMÁ
Panamá

Quito
ECUADOR

PERÚ
Lima

BOLIVIA
La Paz

PARAGUAY
Asunción

CHILE

Santiago

URUGUAY
Montevideo

Buenos Aires

ARGENTINA

| -8 | -7 | -6 | -5 | -4 | -3 | -2 | -1 | 0 | +1 |

8. EL HORARIO DE PATRICIA

A Patricia no ha copiado su horario. ¿La ayudas? Hilf Patricia bei ihrem Stundenplan. Schreib zuerst den Plan in dein Heft, dann höre zu und ergänze die Fächer.

	LUNES	MARTES	MIÉRCOLES	JUEVES	VIERNES
9:00–10:00					
10:00–11:00					
R	E	C	R	E	O
11:30–12:30/13:00					
C	O	M	I	D	A
15:00–16:00					
16:00–17:00					

Matemáticas, lunes, miércoles y viernes de 10 a 11

Más despacio, por favor

¿Puedes repetir, por favor?

B Compara este horario con el vuestro. Vergleicht in Zweiergruppen, was bei euch anders bzw. gleich ist. Schreibt eine Liste mit je drei Punkten. Danach könnt ihr das Ergebnis auch mündlich vortragen.

¿Cuántas asignaturas tiene Patricia? ¿Y vosotros?
¿Cuántas horas de Educación Física? ¿Y vosotros?
¿Cuántas horas de Expresión Plástica? ¿Y vosotros?
¿Cuántas horas de Matemáticas tiene? ¿Y vosotros?
¿Cuántas horas de recreo tiene por la mañana? ¿Y vosotros?
¿A qué hora tiene la primera clase? ¿Y vosotros?
¿Qué días tiene Sociales? ¿Y vosotros?

• Patricia tiene tres horas de Matemáticas por semana y nosotros...

C ¿Y tú? ¿Qué tienes a las 11h los miércoles? El profesor os va a preguntar vuestro horario en español. Euer Lehrer/eure Lehrerin fragt euch, wie euer Stundenplan ist.

• ¿Qué tenéis a las 11h los miércoles?
○ Matemáticas.

---

② la chuleta de gramática

LA HORA
Die Uhrzeit

● **¿Qué hora es?**
○ **Es** la una. / **Son** las dos.

14:15	**Son** las 2 **y cuarto.**
14:30	**Son** las 2 **y media.**
14:10	**Son** las 2 **y diez.**
13:45	**Son** las 2 **menos cuarto.**

● **¿A qué hora** tienes Matemáticas?
○ **A las** once.

LAS PARTES DEL DÍA
Die Tageszeiten

Las 8h **de la mañana.**
La 1h **del mediodía.**
Las 6h **de la tarde.**
Las 10h **de la noche.**

LOS DÍAS DE LA SEMANA
Die Wochentage

lunes	viernes
martes	sábado } fin de semana
miércoles	domingo
jueves	

¡Adiós a todos y buen fin de semana!

Igualmente

FRECUENCIA
Häufigkeit ausdrücken

Los lunes tenemos Sociales.
Tenemos **una hora** de recreo **al día.**
Tenemos **tres horas** de Inglés **por semana.**

¿CUÁNTOS/CUÁNTAS...?
Wie viele?

¿Cuántas asignaturas tienes?
¿Cuántos años tienes?

NÚMEROS DEL 20 AL 100
Die Zahlen von 20 bis 100

20 **veinte**	21 **veintiuno**	31 treinta **y** uno
30 **treinta**	22 **veintidós**	32 treinta **y** dos
40 **cuarenta**	23 **veintitrés**	33 treinta **y** tres
50 **cincuenta**	24 **veinticuatro**	34 treinta **y** cuatro
60 **sesenta**	25 **veinticinco**	35 treinta **y** cinco
70 **setenta**	26 **veintiséis**	36 treinta **y** seis
80 **ochenta**	27 **veintisiete**	37 treinta **y** siete
90 **noventa**	28 **veintiocho**	38 treinta **y** ocho
100 **cien**	29 **veintinueve**	39 treinta **y** nueve

La REVISTA LOCA

ÁLEX

Tipo de centro:
colegio privado
Asignaturas preferidas:
Inglés y Francés
Asignaturas odiadas: Matemáticas y Física
Lo mejor: su amigo Pablo
Lo peor: nada
¿Copias en los exámenes?: a veces
Profesor/a favorito/a: el profesor de
Lengua Castellana

C de Cultura

¡Mi escuela, mi escuela!

Homenaje de Gloria Fuertes a los maestros.

Yo voy a una escuela
Muy particular
Cuando llueve se moja
Como las demás.

Yo voy a una escuela
Muy sensacional
Si se estudia, se aprende
Como en las demás.

Yo voy a una escuela
Muy sensacional
Los maestros son guapos
Las maestras son más.

Cada niño en su pecho
Va a hacer un palomar
Donde se encuentre a gusto
El pichón de la Paz.

Yo voy a una escuela
Muy sensacional.

Tres chicos, tres coles

SUSANA

Tipo de centro: colegio privado
(religioso)
Asignaturas preferidas: Plástica
Asignaturas odiadas: Sociales
Lo mejor: las clases de Informática
Lo peor: los exámenes
¿Copias en los exámenes?: no, no me
gusta copiar en los exámenes
Profesor/a favorito/a: el profesor de Alemán

JULIA

Tipo de centro: instituto
Asignaturas preferidas: Educación Física
Asignaturas odiadas: ¡¡¡Las Matemáticas!!!
Lo mejor: los compañeros
Lo peor: las clases
¿Copias en los exámenes?: no, nunca
Profesor/a favorito/a: la profesora
de Ciencias Naturales

Ja, ja, ja, ja...

Profesora: Jaimito, ¿cuáles son las tres palabras que más utilizan los alumnos?
Jaimito: *NO LO SÉ.*
Profesora: ¡Muy bien!

AQUÍ Y ALLÁ

¿Cómo son las notas en los diferentes países?

→ En España: sobresaliente, notable, bien, suficiente, insuficiente. Para exámenes y ejercicios, a veces también se puntúa del 0 al 10 (el 10 es la mejor nota).

→ En Alemania es del 1 al 6 (el 1 es la mejor nota).

→ En Inglaterra muchas veces es del 1 al 7 (el 7 es el máximo).

→ En Francia y en Portugal se puntúa del 1 al 20 (el 20 es la mejor nota).

→ En Italia del 1 al 30 (el 30 es la mejor nota).

EN EL MUNDO

Declaración de los Derechos del Niño, aprobada por la Asamblea General de las Naciones Unidas el 20 de noviembre de 1959

ARTÍCULO 7º.
EL NIÑO TIENE DERECHO A RECIBIR EDUCACIÓN GRATUITA Y OBLIGATORIA POR LO MENOS EN LAS ETAPAS ELEMENTALES.

130 MILLONES DE NIÑOS
NO TIENEN ESCUELA
Y 150 MILLONES VAN A
CLASE MENOS DE 5 AÑOS

SUSANA PÉREZ DE PABLOS, Madrid

En el siglo XXI hay 855 millones de personas analfabetas, uno de cada siete habitantes del planeta. Según el informe presentado por Unicef sobre el Estado Mundial de la Infancia, 280 millones de niños menores de 12 años tienen graves problemas educativos: 130 millones no conocen el colegio y otros 150 millones no van a la escuela más de cinco cursos.

¡QUÉ SEMANA TAN ESTRESANTE!

El DOSSIER de la CLASE

COLEGIO GENTE JOVEN

NUESTRA OFERTA:

Taller de Artesanía
Diseño de Webs
Mecánica
Pintura Decorativa
Salud Ambiental y Nutrición
Taller de Teatro
Electrónica
Diseño Asistido por Ordenador
Cine

NUESTRO COLEGIO IDEAL

Wir werden eine Broschüre über unsere Traumschule anfertigen.

AUFGABE:

A Bildet Vierergruppen und entscheidet im Team:

- El nombre del centro
- ¿Hay exámenes?
- ¿Hay notas?
- ¿Los alumnos llevan uniforme?
- Lenguas que se estudian
- Asignaturas
- Horarios: de clase, del recreo, de las comidas
- Número de alumnos por clase

DAZU BRAUCHST DU …

- einen PC (falls vorhanden)
- Filzstifte
- farbigen Karton
- Lineal und kariertes Papier für den Grundriss

B Ihr könnt auch:

- ein Schullogo erfinden
- einen Plan des Grundrisses zeichnen
- weitere Infos hinzufügen

C Eure Lehrerin/euer Lehrer wird euch helfen, die Texte zu verbessern. Denkt an ein tolles Design der Broschüre, fügt Fotos und Zeichnungen hinzu, und stellt euer Material so aus, dass der Rest der Klasse es gut sehen kann.

D Zum Schluss werden die Arbeiten bewertet. Jedes Team erhält die Broschüre eines anderen Teams und verteilt Noten zwischen 1 (+) und 5 (-) zu den folgenden Kriterien:

1. Verständlichkeit und Korrektheit
2. Inhalt
3. Kreativität

UNA ENTREVISTA A UN AMIGO

AUFGABE:

A Jeder von euch macht ein Interview mit einem Freund/einer Freundin oder einem/einer Bekannten, der/die eine andere Schule besucht. Wenn das nicht auf Spanisch geht, müsst ihr das Interview anschließend übersetzen. Hier sind die Fragen:

- ¿Cómo se llama tu colegio?
- ¿Qué tipo de colegio es: público, privado, religioso?
- ¿Qué horario tiene?
- ¿Cuántos alumnos hay por clase?
- ¿Qué lenguas extranjeras hay?
- ¿Qué asignaturas tienes?
- ¿Llevas uniforme?
- Otras preguntas: ....

B Eure Lehrerin/euer Lehrer wird euch helfen, das Interview zu verbessern, danach schreibt ihr es noch einmal sauber auf den festen Papierbogen und hängt diesen mit Wäscheklammern an eine quer durch den Klassenraum gespannte Schnur. So kann jeder jedes Blatt lesen und entscheiden, welche Schule ihr oder ihm am besten gefällt.

C Bildet Paare. Einer der Partner bekommt eine Broschüre der Traumschule und der andere stellt Fragen, wie z. B.:

1. ¿Cómo se llama tu colegio?
2. ¿Qué horario tiene?
3. ¿Cuántos alumnos hay por clase?
4. ¿Qué lenguas extranjeras hay?
   ...

DAZU BRAUCHST DU …

- Wäscheklammern
- eine lange Schnur
- festes Papier (Din-A4)

3 ¿Cómo eres?

In dieser Lektion werden wir

Texte über uns selbst schreiben, um Brieffreunde zu finden

Nach dieser Lektion kannst du

■ das Aussehen und den Charakter einer Person beschreiben

■ über verwandtschaftliche und persönliche Beziehungen sprechen

■ über Geschmack und Hobbys sprechen: **gustar**

■ die Häufigkeit ausdrücken

Dazu lernst du

■ den Indikativ Präsens der regelmäßigen Verben

■ die Pluralformen der Possessivpronomen

■ die Verwendung von **muy, bastante, un poco, nada, tampoco, también, todos los días, a veces, nunca**

1. UN *CASTING:* SE BUSCAN CHICOS Y CHICAS

A **Completa las fichas.** Für die Fernsehserie „Chavales" wird Nachwuchs gesucht. Versucht zu zweit, nach dem vorgegebenen Muster die Karteikarten von Martín und Laura zu ergänzen.

B **Lee el anuncio. ¿Cuáles son el chico y la chica ideales para la serie?** Lies die Anzeige aufmerksam durch. Welcher Junge und welches Mädchen passen am besten?

C **¿Crees que hay alguien en la clase que puede presentarse también a este *casting*? Coméntalo con tus compañeros.** Wer würde aus eurer Klasse auf die Beschreibung passen? Diskutiert darüber.

- Robert puede ser el chico. Porque es delgado y lleva el pelo largo...
- Sí, pero no lleva gafas...
- ...

SE BUSCA UN CHICO Y UNA CHICA PARA LA SERIE DE TELEVISIÓN «CHAVALES»

Necesitamos:

- Un chico delgado, pelo largo, castaño o pelirrojo, no muy alto, preferiblemente con gafas, 13 años aproximadamente.
- Una chica morena, pelo largo, ojos oscuros, estatura normal, 12 años aproximadamente.

ALBERTO RUIZ
delgado
pelo corto
moreno
1,70
ojos azules
13 años

SARA FERRERO
rubia
pelo liso y bastante largo
ojos negros
no demasiado alta
ni gorda ni delgada
11 años

LAURA DÍAZ
ni alta ni baja
....

PABLO ALONSO
pelirrojo
pelo largo
delgado
lleva gafas
ojos oscuros
no muy alto
12 años

JUDITH CALLEJA
pelo castaño
delgada
pelo largo y rizado
ojos verdes
muy alta
13 años

MARTÍN SOLER
muy alto
....

2. SE BUSCA

A **Los hermanos Malasombra son una famosa familia de mafiosos. Escucha la descripción que hace la policía para detener a dos de ellos y toma notas. ¿A cuáles busca?** Hör zu und notiere, wer von der Polizei gesucht wird.

B **Piensa ahora en uno de ellos. Los compañeros te hacen preguntas hasta adivinar en cuál has pensado.** Ein Ratespiel: Du denkst an eine der Personen, deine Partner müssen durch Fragen herausfinden, wer es ist.

- ¿Lleva gafas?
- No.
- ¿Es rubio?
- Sí.
- Timoteo.
- Sí, ahora me toca a mí...

FULGENCIO

EUSTAQUIO

RIGOBERTO

TIMOTEO

SE BUSCAN

3. ¿CÓMO SOMOS?

Vamos a hacer una estadística en la clase. ¿Cuántos chicos tienen el pelo rubio? ¿Cuántas chicas tienen los ojos azúles?... Alguien de la clase anota en la pizarra los datos. Eine Statistik: Notiert an der Tafel, auf wie viele Schüler die einzelnen Kriterien zutreffen!

- *En la clase hay seis chicos rubios.*

AMADOR

ANASTASIO

INOCENCIO

CASIMIRO

ROSENDO

MARIANO

Juan tiene el pelo liso, pero ahora lleva el pelo rizado

la **chuleta** de **gramática**

DESCRIBIR EL ASPECTO FÍSICO
Das Aussehen beschreiben

Tiene el pelo rubio.	**Es** rubio.
el pelo negro.	**Es** moreno.
el pelo castaño.	**Es** castaño.
~~el pelo rojo.~~	**Es** pelirrojo.
	Es calvo.

Tiene el pelo rizado / liso / muy bonito...

Tiene los ojos azules / verdes / muy grandes...

los ojos, **el** pelo, **la** boca...

~~Mis ojos son azules.~~
Tengo **los** ojos azules.
~~Tu pelo es muy bonito.~~
Tienes **el** pelo muy bonito.

Es alt**o**/alt**a.**
Es bajit**o**/bajit**a.**
Es delgad**o**/delgad**a.**
Es gordit**o**/gordit**a.**

No es **ni** alto/a **ni** bajo/a.

*Die Adjektive **bajo/a, gordo/a** und **feo/a** sind zu stark. Schöner ist es, **bajito/a, gordito/a** und **feíto/a** zu sagen.*

⊕ Es **muy** guapo/a.
   Es **bastante** guapo/a.
   No es **muy** guapo/a.
⊖ Es **un poco** feo/a.

Lleva gafas / lentillas...
bigote / perilla / barba / cola /...
el pelo largo / corto / teñido /...

4. ¿DE QUIÉN HABLAN?

A Alejandra está en casa y escucha esta conversación entre su madre y su hermano mayor, Iván. ¿De quién hablan? Hör zu! Von wem sprechen Alejandras Mutter und ihr Bruder Iván? Notiere alles, was du verstehst.

B Luego, Alejandra escribe un correo a una amiga contándole la noticia y como es la nueva novia de su hermano. ¿Puedes continuar tu el texto? Trabaja con un compañero. Schreibt zu zweit Alejandras E-Mail über die Freundin des Bruders zu Ende!

Responder   Responder a todos

De: Superalejandra
Fecha: 8 de junio
Para: Daniela
Asunto: noticias frescas

¡Hola Daniela!

¿Sabes una cosa? ¡Mi hermano tiene novia! ¡Je, je, je! ☺☺

Dice que es...

C Ahora en parejas (uno/a es la madre y el otro/a el chico/a) preparad por escrito un diálogo parecido y representadlo ante la clase. Bildet Paare und erfindet einen ähnlichen Dialog zwischen Mutter und Sohn. Schreibt ihn auf und führt ihn dann der Klasse vor.

5. ¿QUÉ TE GUSTA HACER?

A De estas actividades elige tres que te gustan y tres que no te gustan y anótalas en tu cuaderno. Suche je drei Aktivitäten aus, die du gerne/ungern machst.

A mí me gusta mucho ver la televisión, jugar con el ordenador y tocar la guitarra, pero no me gusta nada...

- → HACER LOS DEBERES
- → VER LA TELEVISIÓN
- → LEER
- → ESCRIBIR REDACCIONES
- → HABLAR ESPAÑOL
- → JUGAR AL FÚTBOL

- → JUGAR CON LA CONSOLA
- → NAVEGAR POR INTERNET
- → HACER EXÁMENES
- → TOCAR LA GUITARRA
- → CHATEAR
- → SALIR CON LOS AMIGOS

- → RESOLVER PROBLEMAS DE MATEMÁTICAS
- → IR DE COMPRAS
- → ORDENAR MI HABITACIÓN
- → IR A LA PLAYA
- → HACER TEATRO

B Habla con un compañero. ¿Qué cosas os gustan a los dos? Arbeitet in Paaren: Was mögt ihr alle beide?

- ● *Me gusta tocar la guitarra.*
- ○ *A mí también.*
- ● *A los dos nos gusta tocar la guitarra.*

6. ¿ERES COMO PABLO O COMO MARTÍN?

A ¿Cuáles de las cosas que hacen Pablo y Martín haces tú? ¿Cuándo? Escribe cuatro frases como estas. Und du? Schreibe vier Sätze wie im Beispiel.

- *Yo no navego nunca por Internet...*

B Copia en tu cuaderno los verbos que aparecen en los textos. ¿Cómo es el Infinitivo? ¿Cómo termina? Schreibe die Verbformen auf und finde die Infinitivform.

✎ *NAVEGO - NAVEGAR*

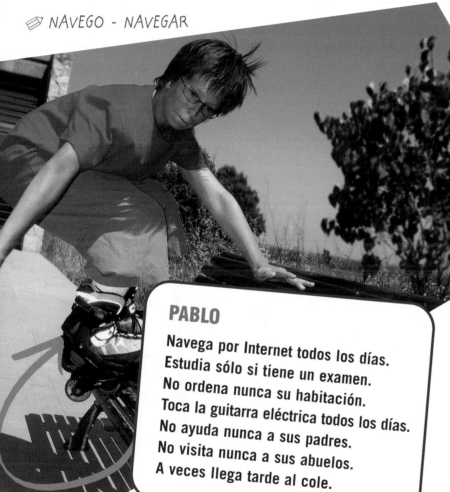

PABLO
Navega por Internet todos los días.
Estudia sólo si tiene un examen.
No ordena nunca su habitación.
Toca la guitarra eléctrica todos los días.
No ayuda nunca a sus padres.
No visita nunca a sus abuelos.
A veces llega tarde al cole.

MARTÍN
A veces navega por Internet.
Estudia un poco todos los días.
Ordena su habitación todos los días.
No toca la guitarra.
Ayuda a su padre en el jardín los sábados.
Visita todos los días a sus abuelos.
No llega nunca tarde al cole.

③ la chuleta de gramática

RELACIONES
Beziehungen

salir con alguien / un chico / Pedro /...
estar enamorado de un/a chico/a
tener novio/novia

EXPRESAR GUSTOS
Vorlieben ausdrücken

| me te le nos os les | **gusta** + | jugar al tenis *(Infinitivo)* el tenis *(sustantivo sing.)* |
| | **gustan** + | los gatos *(sustantivo pl.)* |

- ● **¿Te gusta** la música?
- ○ Sí, mucho.

A MÍ TAMBIÉN/TAMPOCO
Mir auch/auch nicht

- ● Me gusta mucho leer.
- ○ **A mí también.**
- ■ **A mí no** (me gusta).

- ● No me gusta el fútbol.
- ○ **A mí tampoco.**
- ■ **A mí sí** (me gusta).

AFICIONES
Hobbys

tocar: la flauta / el piano / la guitarra /...
jugar al: fútbol / tenis / monopoly /...
jugar con: el ordenador / la gameboy /...
hacer: judo / karate / danza / teatro /...

 a + el = **al**

EXPRESAR FRECUENCIA
Häufigkeit ausdrücken

Estudio **todos los días.**
Visito a mis abuelos **los sábados.**
A veces llego tarde a clase.
No ordeno **nunca** mi habitación.
Nunca ordeno mi habitación.

PRESENTE DE INDICATIVO
Der Indikativ Präsens

ESTUDI**AR**	L**EER**	ESCRIB**IR**
estudi**o**	le**o**	escrib**o**
estudi**as**	le**es**	escrib**es**
estudi**as**	le**e**	escrib**e**
estudi**amos**	le**emos**	escrib**imos**
estudi**áis**	le**éis**	escrib**ís**
estudi**an**	le**en**	escrib**en**

7. FAMILIAS

A **¿A qué imagen corresponde cada texto?** Verbinde Bild und Text.

- La familia de Manuel es la...

ÁLVARO:
Vivo con mis padres. No tengo hermanos. Tengo una abuela que se llama Francisca. Es profesora. También tengo un perro.

MANUEL:
Vivo con mis padres y con mis hermanas, Lola, que tiene 10 años, y Natalia, que tiene 8. Tengo dos abuelas. Una abuela, Matilde, tiene setenta años y vive cerca y la otra vive en otra ciudad. No tengo animales en casa. Yo quiero un perro, pero a mi madre no le gustan los animales.

MARINA:
Yo vivo con mi madre. Tengo un hermano que tiene quince años y que está loco por el fútbol. Tengo también dos abuelas y un abuelo, que es genial.

JENNIFER:
Vivo con mi madre y con el marido de mi madre. Tengo dos hermanastros, pero no viven con nosotros. Viven con su madre, pero pasamos las vacaciones juntos. Tengo un abuelo y una abuela. Tengo dos gatos que se llaman "Michi" y "Micha" y también un perro que se llama "Chispa".

B **¿Crees que es importante entender todas las palabras en un texto?** Ist es wichtig, jedes einzelne Wort in einem Text zu verstehen? Was tust du, wenn du ein Wort nicht verstehst? Sprich mit zwei Partnern darüber, danach diskutiert in der Klasse (auf Deutsch).

¿Qué haces cuando no entiendes una palabra?

- a. pregunto a un compañero o al profesor
- b. imagino el significado
- c. busco en el diccionario

C **Siéntate con un compañero que no conozcas bien. Escribe el nombre de tres personas de tu familia en un papel y dáselo. Tu compañero/a tiene que averiguar quién es cada uno.** Schreibe drei Namen aus deiner Familie/Verwandtschaft auf einen Zettel, und dein Partner/deine Partnerin muss herausfinden, wer das ist.

- ¿Sam es tu padre?
- No.
- ¿Es tu hermano?
- No...
- ¿Es...?

D **Ahora habla con un compañero sobre uno de los miembros de tu familia. Él o ella eligen sobre quién vais a hablar.** Erzähle deinem Partner/deiner Partnerin etwas über ein Familienmitglied, das er/sie vorher bestimmt hat.

- Irene, ¿quién es?
- Mi hermana.
- ¿Y cuántos años tiene?
- Siete.
- ¿Y cómo es?

E **Luego escribe un pequeño texto y léelo a tus compañeros.** Schreibe einen kleinen Text über deine Familie und lies ihn der Klasse vor.

✏ *Paolo tiene una hermana que tiene siete años. Se llama Irene y le gustan mucho los animales. Estudia segundo. Tiene dos hámsters y un gato.*

8. TU MEDIA NARANJA

A Aquí tienes una lista de cualidades y defectos. ¿Puedes clasificarlo? Puedes trabajar con un compañero y, si lo necesitas, buscar su significado en el diccionario. Ordne mit einem Partner die Adjektive nach positiv – negativ. Du kannst auch im Wörterbuch nachschauen.

CUALIDADES

DEFECTOS

simpático/a
antipático/a
inteligente
vago/a
callado/a
mentiroso/a
deportista
trabajador/a

responsable
empollón/a
sincero/a
chivato/a
tranquilo/a
tacaño/a
ordenado/a
cabezota

B Ahora escucha este programa de radio en el que llama gente para encontrar novio o novia. ¿Cómo es Jaime? Escríbelo en tu cuaderno.
Partnersuche im Radio: Schreibe alles über Jaime auf, was du verstehst.

C ¿Jaime y Tina pueden ser novios? Sucht Gemeinsamkeiten, arbeitet zu zweit.

A los dos les gusta...
Los dos son...

TINA

SU FÍSICO: morena, ojos oscuros, altura media, delgada

SUS CUALIDADES: romántica, deportista, ordenada

SUS DEFECTOS: un poco vaga y un poco mentirosa

SUS AFICIONES: el baloncesto, la televisión, bailar y la música

BUSCA UN CHICO: deportista, moreno, con ojos verdes o azules

D Vuelve a leer los adjetivos anteriores y copia en tu cuaderno seis rasgos (positivos y negativos) de tu carácter. Schreibe sechs positive bzw. negative Charaktereigenschaften in dein Heft, die auf dich zutreffen. **Haz frases como esta:**

✏ *Soy un poco tímido.*

E Ahora busca tres adjetivos que definan a...

tu profesor/a de español

alguien de tu familia

tu mejor amigo/a

tu mascota (si tienes)

tu cantante favorito

un personaje famoso (un deportista, un actor o una actriz...)

Schreibe je drei passende Adjektive in dein Heft. Danach sprecht in der Klasse darüber. Achte auf feminine und maskuline Endungen!

✏ *Mi madre es simpática y muy trabajadora.*

POSESIVOS (FORMAS DEL PLURAL)
Die Pluralformen der Possessivpronomen

mis hermanos/as	**nuestros/as** hermanos/as
tus hermanos/as	**vuestros/as** hermanos/as
sus hermanos/as	**sus** hermanos/as

● ¿Cómo se llaman **sus** padres?
○ ¿Los padres de María?
● Sí.
○ Juan y Rosa.

LA FAMILIA
Die Familie

padre + madre	=	**padres**
abuelo + abuela	=	**abuelos**
hermano + hermana	=	**hermanos**

*In vielen lateinamerikanischen Ländern sagt man **mi papá, mi mamá.** In Spanien verwenden das nur die Kinder.*

el novio **de** mi hermana
el marido **de** mi madre
la hermana **de** Daniel

MUY, BASTANTE, UN POCO, NO... NADA
Sehr, ziemlich, ein bisschen, überhaupt nicht

Soy **muy** responsable.
Soy **bastante** responsable.
Soy **un poco** irresponsable*.
No soy **nada** responsable.

***un poco** verwendet man nur mit negativen Adjektiven*

Soy un poco desordenada

LA REVISTA LOCA

La CANCIÓN de la SEMANA

 ME GUSTA COMO ERES

Me gusta como eres,
tus ojos, tu sonrisa
y tu manera de andar.

Pero a tu hermano,
pero a tu hermano...
No lo puedo aguantar...

Me gusta como eres,
tu boca, tu pelo,
y tu manera de hablar...

Pero a tu hermano,
pero a tu hermano...
No lo puedo aguantar...

Me gusta como eres,
tu risa, tu mirada
y tu manera de vestir...

Pero a tu hermano,
pero a tu hermano...
No lo puedo aguantar...

CÓMO ERES SEGÚN EL ZODIACO

¿Crees en el zodiaco? ¿Crees que es una tontería? ¿O hay algo de verdad? Así son los nativos de los distintos signos, con algunas de sus cualidades y algunos de sus defectos. ¿Tú eres realmente así?

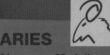

ARIES
21 marzo – 20 abril
Elemento: fuego
Planeta: Marte
+ Fuertes, valientes
− Egoístas, impacientes y mentirosos

TAURO
21 abril – 20 mayo
Elemento: tierra
Planeta: Venus
+ Sensibles, trabajadores
− Cabezotas, posesivos

GÉMINIS
21 mayo – 21 junio
Elemento: aire
Planeta: Mercurio
+ Comunicativos, alegres
− Impacientes, nerviosos

CÁNCER
22 junio – 22 julio
Elemento: agua
Planeta: Luna
+ Sensibles, soñadores y románticos
− Egoístas, tímidos y posesivos

PASATIEMPOS ¿QUIÉN ES QUIÉN?

¿Cuántos hermanos tiene Lucas?

→ El hermano de Lucas que juega al tenis se llama Isidro.
→ El novio de la hermana mayor de Lucas se llama Emilio.
→ Lucas tiene una hermana que se llama Laura y que es fotógrafa.
→ La madre de la madre de Lucas se llama Ernestina.
→ La novia de Emilio se llama Claudia.
→ El marido de Ernestina se llama Paco.
→ La hermana pequeña de Lucas se llama Diana.
→ La novia del hermano de Lucas que juega al fútbol se llama Teresa.
→ El marido de la hija de Paco se llama Gonzalo.
→ La madre de Lucas se llama Elvira.
→ El hermano de Lucas que juega al fútbol se llama Tomás.

LEO
23 julio – 22 agosto
Elemento: fuego
Planeta: Sol
➕ Valientes, generosos
➖ Egoístas, orgullosos

VIRGO
23 agosto – 22 septiembre
Elemento: tierra
Planeta: Mercurio
➕ Ordenados, responsables e inteligentes
➖ Nerviosos

LIBRA
23 septiembre – 22 octubre
Elemento: aire
Planeta: Venus
➕ Diplomáticos, románticos
➖ Variables, influenciables

ESCORPIÓN
23 octubre – 21 noviembre
Elemento: agua
Planeta: Plutón
➕ Apasionados, imaginativos
➖ Celosos, tozudos

SAGITARIO
23 noviembre – 22 diciembre
Elemento: fuego
Planeta: Júpiter
➕ Sinceros, cariñosos
➖ Exagerados, irresponsables

CAPRICORNIO
21 diciembre – 19 enero
Elemento: tierra
Planeta: Saturno
➕ Responsables, trabajadores
➖ Pesimistas, no muy imaginativos

CUARIO
enero – 19 febrero
mento: aire
neta: Urano
Idealistas, originales
Caprichosos, un poco cabezotas

PISCIS
20 febrero – 20 marzo
Elemento: agua
Planeta: Neptuno
➕ Generosos y muy cariñosos
➖ Ingenuos, no muy realistas

C de Cultura

MANOLITO GAFOTAS es un personaje muy famoso en España. Es el protagonista de una colección de libros, de películas y de una serie de televisión.

Manolito, el protagonista

Me llamo Manolito García Moreno, pero en Carabanchel, que es mi barrio, todo el mundo me conoce por Manolito Gafotas. Vivo con mi madre, mi padre, que es camionero, y mi abuelo, que es muy divertido. Tengo un hermano, mundialmente conocido por "el imbécil". Mis mejores amigos son Yihad, "el orejones" y mi ex novia, Susana; a veces también la llamamos "bragas sucias".

Elvira Lindo, la autora

Es de Cádiz, pero vive en Madrid, en una de esas calles donde los vecinos se conocen y la gente charla en las tiendas. Vive con su hijo Miguel, con su marido, el escritor Antonio Muñoz Molina, y con dos perros.

Foto: Jorge Represa Bermejo

¡ES MUY GUAPO!

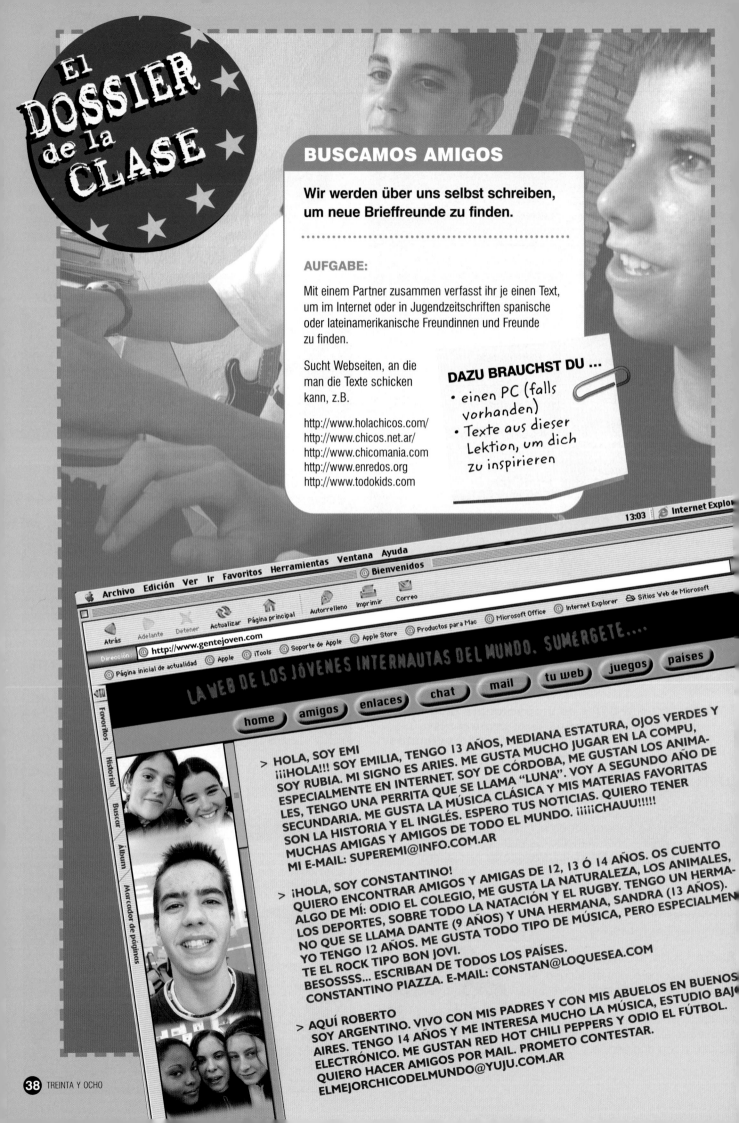

El DOSSIER de la CLASE

BUSCAMOS AMIGOS

Wir werden über uns selbst schreiben, um neue Brieffreunde zu finden.

AUFGABE:

Mit einem Partner zusammen verfasst ihr je einen Text, um im Internet oder in Jugendzeitschriften spanische oder lateinamerikanische Freundinnen und Freunde zu finden.

Sucht Webseiten, an die man die Texte schicken kann, z.B.

http://www.holachicos.com/
http://www.chicos.net.ar/
http://www.chicomania.com
http://www.enredos.org
http://www.todokids.com

DAZU BRAUCHST DU ...

• einen PC (falls vorhanden)
• Texte aus dieser Lektion, um dich zu inspirieren

13:03   Internet Explor

Archivo   Edición   Ver   Ir   Favoritos   Herramientas   Ventana   Ayuda

Bienvenidos

Atrás   Adelante   Detener   Actualizar   Página principal   Autorrelleno   Imprimir   Correo   Internet Explorer   Sitios Web de Microsoft

Dirección: http://www.gentejoven.com   Apple   iTools   Soporte de Apple   Apple Store   Productos para Mac   Microsoft Office   Internet Explorer

Página inicial de actualidad   Apple   iTools   Soporte de Apple   Apple Store   Productos para Mac

LA WEB DE LOS JÓVENES INTERNAUTAS DEL MUNDO. SUMÉRGETE....

home   amigos   enlaces   chat   mail   tu web   juegos   países

Favoritos   Historial   Buscar   Álbum   Marcador de páginas

> HOLA, SOY EMI
¡¡¡HOLA!!! SOY EMILIA, TENGO 13 AÑOS, MEDIANA ESTATURA, OJOS VERDES Y SOY RUBIA. MI SIGNO ES ARIES. ME GUSTA MUCHO JUGAR EN LA COMPU, ESPECIALMENTE EN INTERNET. SOY DE CÓRDOBA, ME GUSTAN LOS ANIMALES, TENGO UNA PERRITA QUE SE LLAMA "LUNA". VOY A SEGUNDO AÑO DE SECUNDARIA. ME GUSTA LA MÚSICA CLÁSICA Y MIS MATERIAS FAVORITAS SON LA HISTORIA Y EL INGLÉS. ESPERO TUS NOTICIAS. QUIERO TENER MUCHAS AMIGAS Y AMIGOS DE TODO EL MUNDO. ¡¡¡¡¡CHAUU!!!!!
MI E-MAIL: SUPEREMI@INFO.COM.AR

> ¡HOLA, SOY CONSTANTINO!
QUIERO ENCONTRAR AMIGOS Y AMIGAS DE 12, 13 Ó 14 AÑOS. OS CUENTO ALGO DE MÍ: ODIO EL COLEGIO, ME GUSTA LA NATURALEZA, LOS ANIMALES, LOS DEPORTES, SOBRE TODO LA NATACIÓN Y EL RUGBY. TENGO UN HERMANO QUE SE LLAMA DANTE (9 AÑOS) Y UNA HERMANA, SANDRA (13 AÑOS). YO TENGO 12 AÑOS. ME GUSTA TODO TIPO DE MÚSICA, PERO ESPECIALMEN-TE EL ROCK TIPO BON JOVI.
BESOSSSS... ESCRIBAN DE TODOS LOS PAÍSES.
CONSTANTINO PIAZZA. E-MAIL: CONSTAN@LOQUESEA.COM

> AQUÍ ROBERTO
SOY ARGENTINO. VIVO CON MIS PADRES Y CON MIS ABUELOS EN BUENOS AIRES. TENGO 14 AÑOS Y ME INTERESA MUCHO LA MÚSICA, ESTUDIO BAJO ELECTRÓNICO. ME GUSTAN RED HOT CHILI PEPPERS Y ODIO EL FÚTBOL. QUIERO HACER AMIGOS POR MAIL. PROMETO CONTESTAR.
ELMEJORCHICODELMUNDO@YUJU.COM.AR

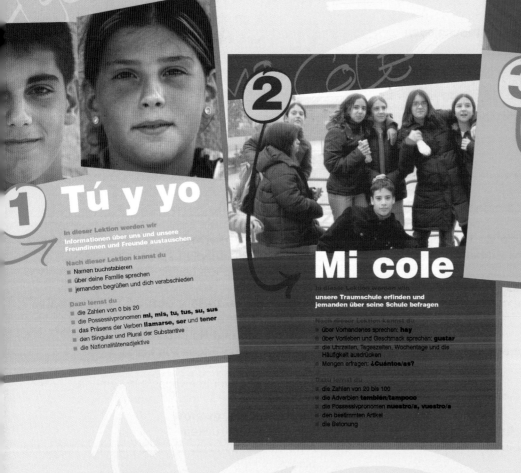

1 Tú y yo

In dieser Lektion werden wir
Informationen über uns und unsere
Freundinnen und Freunde austauschen

Nach dieser Lektion kannst du
■ Namen buchstabieren
■ über deine Familie sprechen
■ jemanden begrüßen und dich verabschieden

Dazu lernst du
■ die Zahlen von 0 bis 20
■ die Possessivpronomen **mi, mis, tu, tus, su, sus**
■ das Präsens der Verben **llamarse**, **ser** und **tener**
■ den Singular und Plural der Substantive
■ die Nationalitätenadjektive

2 Mi cole

In dieser Lektion werden wir
unsere Traumschule erfinden und
jemanden über seine Schule befragen

Nach dieser Lektion kannst du
■ über Vorhandenes sprechen: **hay**
■ über Vorlieben und Geschmack sprechen: **gustar**
■ die Uhrzeiten, Tageszeiten, Wochentage und die
Häufigkeit ausdrücken
■ Mengen erfragen: **¿Cuántos/as?**

Dazu lernst du
■ die Zahlen von 20 bis 100
■ die Adverbien **también/tampoco**
■ die Possessivpronomen **nuestro/a, vuestro/a**
■ den bestimmten Artikel
■ die Betonung

3 ¿Cómo eres?

In dieser Lektion werden wir
Texte über uns selbst schreiben, um
Brieffreunde zu finden

Nach dieser Lektion kannst du
■ das Aussehen und den Charakter einer Person
beschreiben
■ über verwandtschaftliche und persönliche
Beziehungen sprechen
■ über Geschmack und Hobbys sprechen: **gustar**
■ die Häufigkeit ausdrücken

Dazu lernst du
■ den Indikativ Präsens der regelmäßigen Verben
■ die Pluralformen der Possessivpronomen
■ die Verwendung von **muy, bastante, un poco,
nada, tampoco, también, todos los días,
a veces, nunca**

Repaso
de las
unidades
1, 2 y 3

¿Ya sabes...?

1 Ahora ya sabes hacer todas estas cosas, **¿verdad?** Bildet kleine Gruppen und schreibt mindestens zehn weitere Sätze zu jedem Thema. Ihr könnt sie auf große Bögen festes Papier schreiben und als Plakat im Klassenzimmer aufhängen.

■ Saludar y despedirte
Jemanden begrüßen/sich verabschieden
¡Hola!
¡Adiós!

■ Hablar de ti mismo o de otros
Über dich und andere sprechen
Me llamo Georg.
Tengo 13 años.
Soy alemán.
Hablo francés, inglés bastante bien y un poco de español.
Mi hermano estudia tercero de ESO.

■ Dar y pedir el número de teléfono
Die Telefonnummer und E-Mail-Adresse erfragen/angeben
Mi número de teléfono es el 238754957.
¿Cuál es tu dirección de correo electrónico?

■ Hablar del colegio
Über die Schule sprechen
No hay laboratorio.
Hay muchos alumnos.
Mi asignatura favorita es Plástica.

■ Hablar del aspecto físico
Das Aussehen beschreiben
Tiene el pelo muy largo.
Soy bastante alta y morena.
Lleva gafas.

■ Hablar del carácter
Über den Charakter sprechen
Soy muy responsable y muy ordenado.
Laura es un poco despistada.

EMPEZAMOS EL COLEGIO A LAS OCHO

■ Preguntar y decir la hora
Die Uhrzeit erfragen/angeben
¿Qué hora es?
Las seis y cuarto.

■ Hablar de horarios
Über den Stundenplan sprechen
A las diez tengo Educación Física.

■ Hablar de cuándo y con qué frecuencia hacemos algo
Zeitangaben und Häufigkeit ausdrücken
Los lunes tengo Educación Física.
El recreo es a las doce.
Tenemos español tres veces a la semana.

■ Expresar tus gustos
Vorlieben ausdrücken
A mí me gusta mucho el fútbol y también tocar el piano.
A mí no me gusta nada el fútbol y tampoco me gusta jugar al tenis.
¿Te gustan los animales?

■ Hablar de tu familia y de las relaciones
Über Beziehungen in der Familie/im Freundeskreis sprechen
Mi madre se llama Ana.
El novio de mi hermana se llama Juan.
Fernando está enamorado de Laura.

■ Contar del 1 a 100
Die Zahlen bis 100 angeben
¿Cuántas asignaturas tienes?
Siete.

Tengo tres hermanos

Me gusta mucho cantar

Palabras, palabras

2 Copia este cuadro en tu cuaderno. Coloca las palabras en la columna correspondiente y añade **tres en cada grupo.** Schreibe die Tabelle in dein Heft, ordne die Wörter zu und finde noch je drei neue.

examen

escribir

Ciencias Sociales

leer

abuelo

padre

ASIGNATURAS	FAMILIA	COLEGIO	AFICIONES

jugar

aula

hijo

Inglés

biblioteca

gimnasio

profesor

chatear

Ciencias Naturales

madre

estudiar   ver la tele   hermana   laboratorio

3 Escribe en tu cuaderno la palabra que corresponde a cada dibujo. Ojo: ¡no olvides los artículos! Schreibe in dein Heft das passende Wort zu jedem Bild, mit dem dazugehörigen Artikel.

1 . . . .   4 . . . .   7 . . . .   10 . . . . . .

2 . . . .   5 . . . .   8 . . . .   11 . . . . . .

3 . . . .   6 . . . .   9 . . . .   12 . . . . . .

4 En cada grupo hay una palabra inadecuada. **¿Cuáles?** Welches Wort passt nicht?

simpática	rizado	abuelo	mañana
tímida	perro	padre	mediodía
sincera	moreno	profesor	piscina
ordenada	rubio	hijo	tarde
abuela	pelirrojo	hermano	noche

¿Entiendes?

5 Responde a las preguntas. Beantworte die Fragen.

1. ¿Qué es "La peña del garaje"?
2. ¿Quién es Álvaro?
3. ¿Cómo es Álvaro?
4. ¿Quién es "Chuki"?
5. ¿De quién está enamorada Sandra?

LA PEÑA DEL GARAJE

UN NUEVO CHICO EN EL BARRIO

JAZMÍN — SANDRA — RAFA — HUGO — KIKE — ELISA — MIGUEL

ESTOS SON LOS AMIGOS DE KIKE: LA PEÑA DEL GARAJE. VIVEN EN EL MISMO BARRIO, EN LAS AFUERAS DE MADRID. VAN AL MISMO COLE Y TIENEN UNA BANDA DE MÚSICA. TOCAN HIP-HOP Y ENSAYAN EN EL GARAJE DE KIKE.
HOY, COMO ES VIERNES, DESPUÉS DEL COLE, NO TIENEN DEBERES.

MAN

¿QUIÉN ES? ES GUAPO, ¿NO?...

ES UN CHICO NUEVO EN EL BARRIO. ES MUY ANTIPÁTICO, MUY ORGULLOSO. YO NO LO AGUANTO...

¿CÓMO SE LLAMA?

SE LLAMA ÁLVARO. VA A MI CLASE.

¿JUGAMOS UN RATO CON LA CONSOLA?

OH, NO, POR FAVOR, CON LA CONSOLA NÓ. ¿ENTRAMOS EN INTERNET?

VAAAALE.

¿SABÉIS? TENGO UN AMIGO EN EL CHAT. ¡ES UN CHICO FANTÁSTICO!

¿CÓMO SE LLAMA?

BUENO, SU NICK ES "CHUKI". VIVE EN MADRID, EN NUESTRO BARRIO Y TIENE 13 AÑOS. AH, Y TOCA LA LA BATERÍA.... NOSOTROS NECESITAMOS UN BATERÍA, ¿NO?

¿TIENES UNA FOTO?

NO. ¡Y TAMPOCO SU NÚMERO DE TELÉFONO!

CHUKI, CHUKI...

TAK! TAK! TAK!

UN DÍA DESPUÉS...

HE CONOCIDO A UNA CHICA EN EL CHAT, ¿SABES?

SE LLAMA SANDRA Y VIVE AQUÍ CERCA.

¿CÓMO TE LLAMAS TÚ EN EL CHAT?

"CHUKI" ¿POR QUÉ?

6 Lee el texto y completa la tabla. ¡Ojo! En el texto no están todas las informaciones. Lies den Text und ergänze die Tabelle. Nicht alle Informationen sind im Text zu finden.

Mafalda y su familia:

Mafalda es una niña argentina que vive con sus padres y su hermanito Guille en Buenos Aires. Tiene también una abuela que le escribe postales y una mascota que se llama "Burocracia".

Mafalda también tiene muchos amigos con los que juega en la calle o en el parque: Miguelito, Manolito, Susanita, Felipe y Libertad.

La madre de Mafalda se llama Raquel y es ama de casa. Le gusta mucho leer. Tiene 36 años, es morena y lleva gafas. El padre se llama Ángel. Tiene 39 años y es agente de seguros. Le gustan mucho las plantas. Es alto y rubio. Mafalda no es una hija fácil porque hace muchas preguntas. Sus padres son muy nerviosos y siempre toman Nervocalm.

Mafalda es morena y un poco gordita. Tiene seis años y ya va al colegio. Su cumpleaños es el 15 de marzo. Es una niña muy inteligente, simpática y sobre todo muy crítica y curiosa. En casa de Mafalda se ve mucho la televisión. Le gusta ver las noticias porque está muy interesada en política. También le gusta escuchar la radio. Su grupo de música favorito son los Beatles. Jugar al ajedrez y leer son otras de sus dos aficiones preferidas. A Mafalda no le gusta nada la sopa y la injusticia en el mundo.

Su hermano menor, Guille, tiene dos años. Es gordito y muy gracioso. Hace siempre muchas preguntas a Mafalda. A él sí le gusta la sopa. Llama a su hermana "Mafaddita".

	ELLA	SU HERMANO	SU PADRE	SU MADRE
Nombre:				
Edad:				
Aspecto físico:				
Carácter:				
Gustos:				

7 Copia este cuadro en tu cuaderno. Escucha una entrevista con el nuevo actor de la serie "Después del cole" y completa el cuadro con los datos que entiendas. Höre das Interview und ergänze die Angaben in deinem Heft.

EL NUEVO ACTOR DE LA SERIE

Nombre:
Nacionalidad:
Domicilio:
Número de hermanos:
Descripción física:
Descripción de carácter:

Apellido:
Edad:
Aficiones:
Animales:

¿Me lo explicas?

8 Contesta a uno de estos anuncios de un foro. Tienes que presentarte y preguntar cosas a la persona que escribes. Antworte auf eine der Anzeigen: Stell dich vor und stelle Fragen.

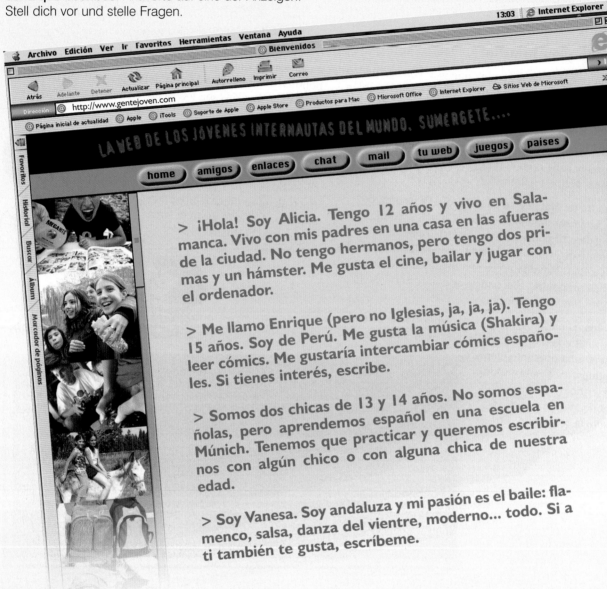

> ¡Hola! Soy Alicia. Tengo 12 años y vivo en Salamanca. Vivo con mis padres en una casa en las afueras de la ciudad. No tengo hermanos, pero tengo dos primas y un hámster. Me gusta el cine, bailar y jugar con el ordenador.

> Me llamo Enrique (pero no Iglesias, ja, ja, ja). Tengo 15 años. Soy de Perú. Me gusta la música (Shakira) y leer cómics. Me gustaría intercambiar cómics españoles. Si tienes interés, escribe.

> Somos dos chicas de 13 y 14 años. No somos españolas, pero aprendemos español en una escuela en Múnich. Tenemos que practicar y queremos escribirnos con algún chico o con alguna chica de nuestra edad.

> Soy Vanesa. Soy andaluza y mi pasión es el baile: flamenco, salsa, danza del vientre, moderno... todo. Si a ti también te gusta, escríbeme.

9 ¿Cómo hablas en español? Aquí tienes dos opciones. Elige una. Entscheide dich für einen der Vorschläge:

A. Zu zweit bereitet ihr ein Interview mit einer bekannten Persönlichkeit vor (die auch erfunden sein kann). Das spielt ihr dann der Klasse vor und/oder ihr nehmt es auf Band auf und fügt es dem Portfolio hinzu.

B. Bereite eine kleine Präsentation zu einem dieser Themen vor. Du solltest mindestens eine Minute lang sprechen, du kannst das Gesprochene auch auf Band aufnehmen. Die Themen sind:

- Deine Schule
- Deine Traumschule
- Deine Familie
- Eine Freundin/ein Freund
- Du selbst

El test

10 Contesta el test y luego comprueba los resultados con un compañero. Beantworte die Testfragen und vergleiche anschließend deine Ergebnisse mit jemandem aus der Klasse.

1. ● Yo .... argentino, ¿y tú?
   ○ Yo suizo.
   a. tengo
   b. soy
   c. es

2. ● ¿ .... correo electrónico?
   ○ Sí, juanpe@mediacom.es
   a. Tienes
   b. Hay
   c. Sabes

3. ● Vosotros .... árabe, ¿verdad?
   ○ Sí, nuestra madre es libanesa.
   a. hablamos
   b. habláis
   c. hablan

4. Tu novia es muy .... , ¿verdad?
   a. alta y delgada
   b. alto y delgado
   c. alto y delgada

5. ● ¿Hay laboratorio en tu colegio?
   ○ Sí, ...
   a. es muy grande.
   b. hay una.
   c. es.

6. ● ¿Cómo es el profesor de .... ?
   ○ Muy simpático.
   a. Technología
   b. Tecnología
   c. Tecnologia

7. ● ¿A qué hora tienes Matemáticas?
   ○ ....
   a. Son las once.
   b. A las once.
   c. Las once.

8. Marta y yo .... inglés en el colegio.
   a. estudian
   b. estudiáis
   c. estudiamos

9. El padre de mi padre es mi ....
   a. hijo.
   b. hermano.
   c. abuelo.

10. Y el padre de mi hermano es mi ....
    a. hermano
    b. padre
    c. hijo

11. Luisa está enamorada .... Pablo.
    a. con
    b. de
    c. en

12. ● A mí no me gusta nada la Física.
    ○ ....
    a. A mí no me gusta.
    b. A mí también.
    c. A mí tampoco.

13. ¿Iván? No es nada generoso. Es muy ....
    a. sincero.
    b. trabajador.
    c. tacaño.

14. ¿Cuántos años .... tú, Raquel?
    a. hay
    b. tienes
    c. eres

15. A mi hermana .... gusta jugar al tenis.
    a. ella
    b. le
    c. lo

16. ● ¿ .... qué color tiene los ojos Fede?
    ○ Verdes.
    a. De
    b. En
    c. Con

17. Mi hermano tiene (15) .... años.
    a. quince
    b. cincuenta
    c. cinco

18. ● ¿Qué hora es?
    ○ ....
    a. Por la mañana.
    b. Las dos.
    c. A las dos de la mañana.

19. ● ¿ .... navegar por Internet?
    ○ Sí, bastante pero prefiero hacer deporte.
    a. Te gusta
    b. Me gustas
    c. Le gusto

20. ● ¿Cuánto son veinte y trece?
    ○ ....
    a. Veintitrés.
    b. Treinta y tres.
    c. Cuarenta y tres.

C de cultura

11 **¿Te acuerdas?** Die Antworten findest du im Lehrbuch, vor allem in der „Revista Loca".

1. Escribe cuatro nombres de personajes famosos que hablan español.
2. ¿Cómo son las notas de los colegios o institutos en España?
3. ¿Quién es Manolito Gafotas? ¿Y Elvira Lindo?
4. ¿Cuántos apellidos tienen los españoles?
5. Escribe ocho nombres de países donde se habla español.

Tu agenda de español

A Zähle die Punktzahlen zusammen, die dir deine Lehrerin/dein Lehrer bei den Wiederholungsübungen gegeben hat (zwischen 0 und 100) und schreibe sie in einen separaten Teil deines Heftes. Das wird ab jetzt deine „Spanischagenda" sein.

B Wir haben bis jetzt drei Bereiche bearbeitet. Blättere ein bisschen durch die die ersten drei Lektionen im Lehrbuch und schreibe in dein Heft:

ein Wort, das du gern magst,
ein Wort, bei dem dir die Aussprache schwerfällt,
eine Übung, die dir nicht gefallen hat,
eine Übung, die dir Spaß gemacht hat.

C Und wie klappt das bei dir

… mit der Aussprache?
… mit der Grammatik?
Kannst du die Wörter gut behalten?
Fällt dir das Schreiben schwer?
Verstehst du die Texte, die du liest?
Sprichst du genug Spanisch im Unterricht?
Mit den Mitschülern und –schülerinnen? Mit der Lehrerin/dem Lehrer?

D Wie kannst du besser werden? Denke ein wenig darüber nach und mach dir in deiner Muttersprache Notizen dazu. Danach besprich diese Ideen in der Klasse und mit der Lehrerin/dem Lehrer.

Muy bien

Bien

No muy bien

Mal

4

¡Felicidades!

In dieser Lektion werden wir
einkaufen gehen und Geburtstagsgeschenke
aussuchen.

Nach dieser Lektion kannst du
- nach dem Preis fragen
- etwas in einer Bar oder im Restaurant bestellen
- über Daten sprechen

Dazu lernst du
- das Verb **estar**
- die Präposition **para**
- die Artikel **un/una/unos/unas, el/la/los/las**
- die Demonstrativpronomen
  este/esta/estos/estas/esto
- die Zahlen ab 100
- die Farben

1. EN EL CENTRO COMERCIAL «HIPERGUAY»

A Es Navidad. Pamela y Elsa quieren comprar una
serie de regalos. ¿En qué tienda pueden encontrarlos?
Wo kann man was kaufen? Ordne die Dinge auf der Liste
der nachstehenden Tafel zu, schreibe Sätze in dein Heft.

● La camiseta, en la tienda de ropa.

unas gafas de sol

un videojuego

un libro

una agenda

un CD

unos cómics

una camiseta

un helado de chocolate

una raqueta de ping-pong

unos pendientes

una bolsa de "chuches"

un bolígrafo

M.I.S. MÚSICA-IMAGEN-SONIDO

TEXASMANÍA

Fresa y Chocolate

B ¿Dónde están Pamela y Elsa? Escucha las
cuatro conversaciones. Du hörst nun vier
Gespräche. In welchem Geschäft befinden sich Elsa
und Pamela jeweils? Es ist nicht wichtig, dass du jede
Einzelheit verstehst!

● Están en la perfumería.

	conversación			
	1	2	3	4
en la tienda de ropa				
en la hamburguesería				
en la perfumería				
en la tienda de deportes				
en la tienda de regalos				
en la tienda de música e informática				
en la librería-papelería				
en la heladería				
en la tienda de chuches				

C ¿A qué tiendas te gusta ir a ti? Und in welche Geschäfte gehst du gerne? Fragt euch gegenseitig!

● *A mí me gusta ir a las tiendas de música y a las de ropa.*

D Piensa en un buen regalo para tres personas de tu familia o amigos y anótalos en tu cuaderno. Si no conoces el nombre de lo que quieres regalar, puedes usar el diccionario. Schreibe in dein Heft, was du drei Personen (Familie oder Freundeskreis) schenken würdest. Du kannst auch das Wörterbuch verwenden.

Para mi madre, un perfume. Y para mi hermana...

la **chuleta** de **gramática**

VERBO ESTAR
Sein, sich befinden

estoy
estás
está
estamos
estáis
están

Mi madre **está** en casa.
Pamela y Elsa **están** en la tienda de deportes.

¿Dónde estás?

En el autobús. ¿Y tú?

PARA
Für

para	Pamela
	mí
	ti
	usted
	él/ella
	nosotros/nosotras
	vosotros/vosotras
	ustedes
	ellos/ellas

● **¿Para quién** es este libro?
○ **Para** ti.

LOS ARTÍCULOS
Die Artikel

INDETERMINADOS
Unbestimmte Artikel
un bolígrafo   **una** camiseta
unos helados   **unas** tiendas

En esta tienda hay **unas camisetas** muy baratas.

DETERMINADOS
Bestimmte Artikel
el bolígrafo de Elsa   **la** camiseta negra
los helados de fresa   **las** tiendas de ropa

Me gustan **las camisetas** grandes.

Manchmal braucht man keinen Artikel.

¿Tienen **zumo de piña?**
Mira, en esta tienda hay **camisetas.**

2. VAMOS A TOMAR ALGO

A Andrés y Felipe van a tomar algo. Mira las viñetas y relaciónalas con las conversaciones. Andrés und Felipe möchten etwas trinken gehen. Lies die Dialoge und ordne sie den Bildern zu.

1
- ● Por favor, ¿dónde están los servicios?
- ○ Al fondo, a la izquierda.
- ● Gracias...

2
- ● Tengo hambre.
- ■ Yo también.
- ● ¿Entramos aquí?
- ■ ¡Vale, vamos!

3
- ● ¿Cuánto es?
- ○ A ver... un bocadillo de queso y un mixto...
- ● Sí y un agua y una naranjada.
- ○ 11 euros.
- ● Tome.
- ○ Gracias.
- ● ¡Adiós!
- ○ ¡Adiós!

4
- ○ ¡Hola!, ¿qué os pongo?
- ● Yo, un bocadillo de queso.
- ■ ¿Tienen bocadillos calientes?
- ○ Sí.
- ■ Pues para mí, uno de jamón y queso.
- ○ Un mixto... ¿Y para beber?
- ● Un agua sin gas.
- ■ Yo, una naranjada.

B Ahora escucha las conversaciones para comprobar que tienes el orden correcto. Nun hörst du die Dialoge in der richtigen Reihenfolge. Hast du alles richtig gemacht?

C Con dos compañeros preparad una conversación parecida entre dos clientes y un/a camarero/a usando el vocabulario de estos menús, y representadla en clase. In Dreiergruppen (2 Kunden, ein/e Kellner/in) schreibt ihr nun mithilfe der abgebildeten Speisekarten einen Dialog wie in den Beispielen. Danach spielt ihr ihn der Klasse vor.

● ¡Hola!, ¿qué os pongo?

BOCADILLOS FRÍOS 3€
de salchichón
de jamón serrano
de jamón York
de queso

BOCADILLOS CALIENTES 4€
de tortilla de patatas
de hamburguesa
de salchicha
mixto

PIZZAS 6€
de atún
napolitana
de queso y carne
cuatro estaciones

PLATOS DEL DÍA 9€
Hamburguesa
con patatas fritas
Pollo con ensalada
Espaguetis con tomate
Escalopa milanesa

BEBIDAS 2€
Cola
Naranjada
Limonada
Agua con gas
Agua sin gas
Batido de chocolate

3. LA FIESTA DE CUMPLEAÑOS DE ANA

A Ana celebra su cumpleaños y hace una fiesta en su casa con doce compañeros del cole. Lee la lista de las cosas que necesita. **¿Cuál es su compra?** Lies Anas Einkaufsliste. Gehört sie zum Einkaufskorb oder zu einem Einkaufswagen?

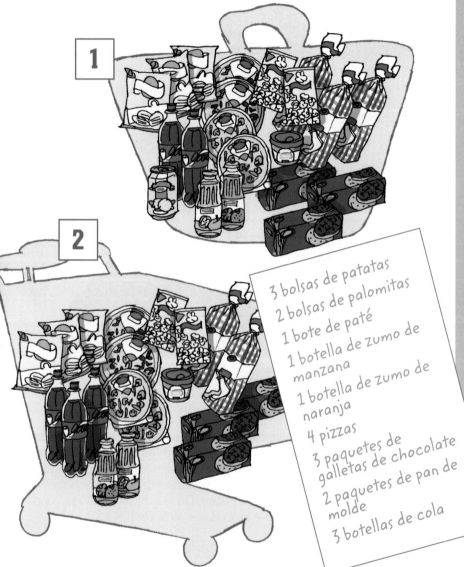

3 bolsas de patatas
2 bolsas de palomitas
1 bote de paté
1 botella de zumo de manzana
1 botella de zumo de naranja
4 pizzas
3 paquetes de galletas de chocolate
2 paquetes de pan de molde
3 botellas de cola

B Nosotros vamos a hacer también una fiesta de la clase. **¿Qué cosas compramos?** Bildet Paare und schreibt gemeinsam eine Einkaufsliste für ein Klassenfest. Wenn euch ein Wort fehlt, fragt den Lehrer/die Lehrerin oder verwendet das Wörterbuch. Alle neuen Wörter sollten in eure persönliche Wörterliste!

nC ¿Cuántos somos? Calculad las cantidades que necesitamos y cuánto dinero vamos a gastar aproximadamente. Gemeinsam mit einem Partner/¶8
einer Partnerin kalkulierst du nun die Mengen und die Kosten. Danach

..............bolsas de............................. : .... euros
..............paquetes de........................... : .... euros
..............botellas de............................ : .... euros
....

tauschen die Teams die Information in der Klasse aus.

¿DÓNDE...?
Wo...?

Perdona/e, **¿dónde están** los servicios?
¿Los servicios, **por favor?**

A la derecha.
A la izquierda.
Al fondo.
Por allí.

PARA PAGAR
Etwas bezahlen

● **¿Cuánto es?**
○ Trece euros.
● **Aquí tiene.**

PEDIR
Etwas bestellen

¿Tienen bocadillos calientes?
Yo quiero una ración de patatas fritas.
Para mí una pizza de queso.

DE
Die Präposition „de"

un bocadillo **de** queso
una pizza **de** atún
una bolsa **de** patatas
una botella **de** agua
un paquete **de** galletas

4. ¿QUÉ ME LLEVO?

A Ana está preparando su maleta porque se va de vacaciones.
Bildet kleine Gruppen und versucht, innerhalb von 5 Minuten möglichst viele Begriffe aus der Liste der Abbildung zuzuordnen.
Ihr solltet von bereits gelernten Sprachen oder eurer Muttersprache ausgehen, im Notfall könnt ihr auch im Wörterbuch nachsehen. Es gewinnt das Team, das die meisten Begriffe korrekt zugeordnet hat.

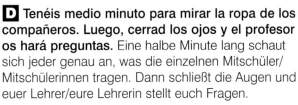

vaqueros	mochila
camiseta	guantes
sudadera	pantalones de esquí
vestido	bufanda
falda	bañador
gorra	pantalones cortos
botas	cazadora
jersey	zapatillas de deporte
anorak	

- Esto es un anorak, ¿no?
- Sí, claro.
- ¿Y cómo se dice "jeans" en español?

B ¿De cuántas palabras te acuerdas? Schau dir die Liste 30 Sekunden lang an, dann schließe das Buch und versuche, möglichst viele Begriffe aufzuschreiben. Anschließend versucht die Klasse gemeinsam die Liste zu rekonstruieren.

C Ahora decidid en pequeños grupos lo que se lleva Ana... Was soll Ana mitnehmen? Bildet kleine Teams und entscheidet gemeinsam.

- si se va a esquiar a los Alpes en enero...
- si se va a una fiesta de cumpleaños en abril...
- si se va a Cuba a un hotel en julio...

- Si se va a los Alpes, el anorak y...

D Tenéis medio minuto para mirar la ropa de los compañeros. Luego, cerrad los ojos y el profesor os hará preguntas. Eine halbe Minute lang schaut sich jeder genau an, was die einzelnen Mitschüler/ Mitschülerinnen tragen. Dann schließt die Augen und euer Lehrer/eure Lehrerin stellt euch Fragen.

- ¿De qué color es la camiseta de Robert?
- Amarilla.

5. DE COLORES

¿De qué color te imaginas...?
Welche Farbe hat für dich..?

¡Atención con los plurales y con los femeninos!

el mes de octubre
los sábados
la escuela
tu país
España
los lunes
las vacaciones
a tu mejor amigo
la Navidad

- El mes de octubre, marrón.

6. UN CONCURSO DE CIFRAS

A ¿Qué tal vas de cifras? Lee las preguntas del test y anota en tu cuaderno las respuestas que crees correctas. Lies die Testfragen und übertrage sie mit der korrekten Antwort in dein Heft.

1
Un gramo de veneno de una cobra puede matar a...
a) Cien personas — 100
b) Mil personas — 1000
c) Diez mil personas — 10 000

2
El puente más largo del mundo es un puente sobre el mar, en China y tiene...
a) Trescientos sesenta metros — 360
b) Tres mil setecientos metros — 3700
b) Treinta y seis mil metros — 36 000

3
La capital de México tiene...
a) Doscientos mil habitantes — 200 000
b) Dos millones de habitantes — 2 000 000
c) Veinte millones de habitantes — 20 000 000

4
En el mundo hablan español...
a) Aproximadamente cuatro millones de personas — 4 000 000
b) Aproximadamente cuarenta millones de personas — 40 000 000
c) Aproximadamente cuatrocientos millones de personas — 400 000 000

5
Una sola pila puede contaminar...
a) Ciento setenta y cinco litros de agua — 175
b) Ciento setenta y cinco mil litros de agua — 175 000
c) Un millón setecientos cincuenta mil litros de agua — 1 750 000

B Ahora escucha este concurso de radio. El locutor da las soluciones. Hör gut zu, der Radiosprecher gibt die korrekten Antworten. Hast du alles richtig gemacht?

C ¿Cómo se forman los numerales en español? Versuche anhand der vorangegangenen Beispiele mit einem Partner/einer Partnerin die nachstehenden Zahlen auszuschreiben.

```
4 ..........................    44444 ...........................
44 ..........................   444444 ..........................
444 .........................   4444444 .........................
4444 ........................   44444444 ........................
```

D Vamos a adivinar números. Ein Ratespiel. Du denkst an eine Zahl zwischen 1 und 1000 und die anderen müssen die Zahl erraten.

CON UN SEIS Y UN CUATRO, AQUÍ TIENES TU RETRATO

- Trescientos.
- No, más alto.
- Setecientos.
- No, más bajo.
...

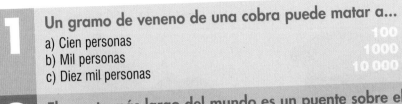

4 la **chuleta** de **gramática**

NÚMEROS
Die Zahlen

100	**cien**
200	**doscientos/as**
300	**trescientos/as**
400	**cuatrocientos/as**
500	**quinientos/as**
600	**seiscientos/as**
700	**setecientos/as**
800	**ochocientos/as**
900	**novecientos/as**

101	**ciento** un/uno/una
102	**ciento** dos
110	**ciento** diez
120	**ciento** veinte
...	

1000	**mil**
2000	dos **mil**
10 000	diez **mil**
100 000	cien **mil**
200 000	doscientos/as **mil**
...	

un **millón**
diez **millones**
...

15 714359 quince **millones** setecientos catorce **mil** trescientos cincuenta **y** nueve

LOS COLORES
Die Farben

	singular	plural
masculino	■ negr**o**	■ negr**os**
femenino	■ negr**a**	■ negr**as**

o/a/os/as: ■ *negro*, □ *blanco*, ■ *rojo*, *amarillo*

	singular	plural
masculino	■ gris	■ gris**es**
femenino		

Die gleiche Form für Maskulinum und Femeninum und den Plural mit es:
■ *gris*, ■ *marrón*, ■ *azul*

	singular	plural
masculino	■ rosa	■ ros**as**
femenino		

Die gleiche Form für Maskulinum und Femeninum und den Plural mit s:
□ *verde*, ■ *rosa*, ■ *naranja*

7. NOS VAMOS DE COMPRAS

A Tienes 200 € para comprar ropa. ¿Cuáles de estas cosas te compras? Was kaufst du dir mit 200 €?

- Yo me compro los vaqueros, las gafas de sol y la gorra.
- Yo, el anorak. Es muy bonito.

B ¿Cuánto cuesta todo esto si hay rebajas y todo tiene un 50% de descuento? Was kosten die einzelnen Sachen mit einem Ausverkaufsrabatt von 50%?

- Los pantalones cuestan ahora 50 euros.

TIENDA JOVEN

8. COMPRAS ESPECIALES

A Escucha las conversaciones y después, relaciona los dibujos y los diálogos. Du hörst verschiedene Gespräche, ordne sie den einzelnen Bildern zu.

B En estas conversaciones que has oído se utilizan **este, esta, estos, estas.** Sirven para señalar o para identificar un objeto. Vervollständige die Tafel mit weiteren Substantiven aus dem Lehrbuch oder mit Gegenständen, die sich im Klassenzimmer befinden.

Este...	Este...	Este...	Este...
Esta...	Esta...	Esta...	Esta...
Estos...	Estos...	Estos...	Estos...
Estas...	Estas...	Estas...	Estas...

9. REGALOS

Estos son los regalos de Navidad para los amigos y la familia de Alba. ¿Para quién es cada uno? Versuche mit einem Partner/einer Partnerin die Geschenke den Personen zuzuordnen. Fragt euren Lehrer/eure Lehrerin, wenn ihr ein Wort nicht kennt und schreibt es in eure persönliche Wörterliste.

- La muñeca es para Susi, creo.
- ○ ¿Y esto?
- Para el padre, ¿no?

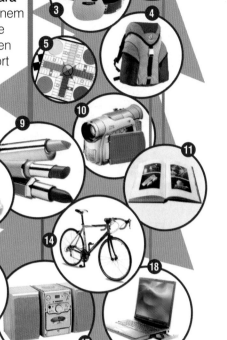

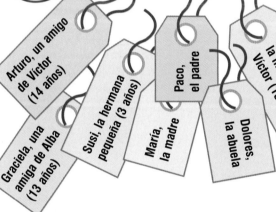

Arturo, un amigo de Víctor (14 años)

Graciela, una amiga de Alba (13 años)

Susi, la hermana pequeña (3 años)

Paco, el padre

María, la madre

Dolores, la abuela

Emma, la madrina de Víctor (18 años)

Eugenio, el padrino de Alba (27 años)

Vicente, el abuelo

PREGUNTAR EL PRECIO
Nach dem Preis fragen

- ● ¿**Cuánto** cuesta la camiseta?
- ○ Veinticinco euros.

- ● ¿**Cuánto** cuestan los pantalones?
- ○ Treinta y cinco euros.

ESTE, ESTA, ESTOS, ESTAS
Dieser/diese/dieses/diesen

¿Cuánto cuesta **este** reloj?
¿Tienen **esta** camiseta en color azul?
Me gustan **estos** pantalones.
Estas gafas son muy bonitas.

ESTO
Das

- ● ¿Para quién es **esto**?
- ○ Para el abuelo.

¿Qué es esto?

Un regalo para mi madre

LOS MESES DEL AÑO
Die Monate

enero	julio
febrero	agosto
marzo	septiembre
abril	octubre
mayo	noviembre
junio	diciembre

LA REVISTA LOCA

TEST
¿Te come el COCO la moda?

1 ¿Qué ropa te gusta?
- a. La ropa moderna.
- b. La ropa cómoda.
- c. No lo sabes.

2 Siempre compras...
- a. ropa de marca.
- b. ropa bonita, pero barata.
- c. La que les gusta a tus padres.

3 Di tres marcas de perfume.

4 ¿Qué colores se llevan este año?
- a. El negro y el rojo, sobre todo.
- b. Los colores claros.
- c. No tienes ni idea.

5 Para vestirte necesitas...
- a. un minuto.
- b. tres minutos.
- c. una hora.

6 Te vas de vacaciones. En tu maleta hay...
- a. unos pantalones.
- b. tres pantalones.
- c. más de cinco pantalones.

7 ¿Sabes qué marca de vaqueros lleva Johnny Depp?

8 ¿Conoces el eslogan de alguna marca de moda?

C de Cultura

EL CUADRO FALSO

Seguramente el cuadro más famoso de Diego de Velázquez es *Las Meninas*. Está en Madrid, en el Museo del Prado. En el cuadro aparece en primer plano la infanta Margarita con dos damas de la corte (meninas), su perro y dos enanos. También se ve al pintor y, al fondo, en el espejo, a los reyes: Felipe IV y Mariana de Austria. De estos dos, uno es una falsificación. ¿Cuál? ¿Por qué?

Pasatiempos matemáticos

En un autobús hay quince personas. En la primera parada suben diez y bajan cuatro. El autobús sigue. En la siguiente parada suben siete y bajan doce. En la siguiente suben tres y bajan dos. En la siguiente suben once y bajan ocho. En la última suben seis y bajan nueve.

Pregunta: ¿Cuántas paradas hay?

Hay tres personas que quieren cruzar un río, dos pesan 50 kilos cada una y la otra pesa 100 kilos. Hay sólo un bote para cruzar y puede llevar un máximo de 100 kilos.

Pregunta: ¿Cómo pueden las tres personas cruzar el río sin que se hunda el bote?

Solución:

- Cinco paradas.
- Los dos que pesan 50 kilos cruzan, se baja uno y el otro cruza nuevamente. Luego, se monta el de 100 kilos y cruza. Finalmente, se monta el de 50 kilos a buscar al otro de su igual peso y cruzan juntos.

EL VALOR SIMBÓLICO DE LOS COLORES

Si te gusta el verde, eres optimista.

Si te gusta el negro, eres pesimista.

Si te gusta el rosa, eres romántico.

Si te gusta el rojo, eres apasionado.

Si te gusta el amarillo, estás un poco loco.

Si te gusta el beige, eres muy formal.

Si te gusta el azul, eres un poco serio.

¡QUÉ ORIGINAL!

¿CUÁNTO VALE ESTA?

VEINTITRÉS EUROS.

ESTÁ BIEN. NO ES DEMASIADO CARA.

¿TIENE ESTA PERO UN POCO MÁS GRANDE?

SÍ, CLARO. ¿LA XL O LA XXL?

PERDONE, ¿DÓNDE HAY CAMISETAS?

EN ESTA PLANTA, AHÍ AL FONDO.

SÍ, ME LLEVO ESTA. ME GUSTA MUCHO, ES MUY ORIGINAL, ¿NO?

23€

PERFECTA.

MAN03

¡¡TÚ TAMBIÉN!!

FIESTA

El DOSSIER de la CLASE

Sara, un discman

enero	febrero	marzo
1 2 3 4	1 2 3 4 5	1 2 3 4 5 6 7
5 6 7 8 9 10 11	6 7 8 9 10 11 12	8 9 10 11 12 13 14
12 13 14 15 16 17 18	13 14 15 16 17 18 19	15 16 17 18 19 20 21
19 20 21 22 23 24 25	20 21 22 23 24 25 26	22 23 24 25 26 27 28
26 27 28 29 30 31	27 28	29 30 31

(Der Kalender zeigt die Monate enero bis diciembre; der 24. februar ist eingekreist.)

¡FELIZ CUMPLEAÑOS!

Wir basteln einen Kalender mit allen Geburtstagen in der Klasse.

NECESITAMOS:

- Una cartulina para diseñar nuestro calendario
- Revistas viejas para recortar y decorar el calendario
- Rotuladores de colores

AUFGABE:

1 In Dreierteams finden wir den Geburtstag heraus, indem jeder den anderen fragt: "¿Cuándo es tu cumpleaños?". Danach markieren wir die Daten im Kalender und schreiben die Namen dazu.

- ¿Cuándo es tu cumpleaños?
- El 24 de febrero.

2 Euer Lehrer/eure Lehrerin gibt jedem Team drei Zettel mit den Namen derjenigen, für die ihr ein Geschenk aussuchen sollt. Überlegt zunächst, welches Geschenk jeweils passen könnte, danach stellt drei Fragen, um ganz sicher zu gehen, dass das Geschenk passend ist.

- ¿Tienes...?
- ¿Te gusta/n...?
- ¿Practicas algún deporte?
- ...

3 Jedes Team schreibt neben den Namen das Geschenk, das ausgesucht wurde und präsentiert dem Rest der Klasse die Entscheidung.

- A Sara le regalamos un discman porque le gusta mucho la música y porque no tiene.
- Y también un CD de Shakira...

DE COMPRAS

Wir erfinden einen Dialog in einem Geschäft, in dem wir eines der ausgesuchten Geschenke kaufen möchten.

AUFGABE

1 Das gleiche Team spielt ein Verkaufsgespräch. Zwei sind die Käufer, der/die Dritte verkauft. Bereitet den Dialog zunächst schriftlich vor. Folgende Elemente solltet ihr nicht vergessen:

- fragen, ob es das, was ihr sucht, im Laden gibt (¿„Tenéis….?")
- nach dem Preis fragen („¿Cuánto cuesta?")
- über das Objekt sprechen (¿„Te gusta?", "Es bonito, feo, grande, caro, …")
- bezahlen, sich bedanken und verabschieden

NECESITAMOS...

- Si es posible, una grabadora o una cámara

5 Tiempo libre

In dieser Lektion werden wir
eine Umfrage über Freizeit und Hobbys
durchführen

Nach dieser Lektion kannst du
- über Hobbys und Sportarten sprechen
- Häufigkeit und Regelmäßigkeit ausdrücken
- über die Gesundheit sprechen
- Eindrücke und Gefühle ausdrücken
- eine Aktivität vorschlagen, dich verabreden

Dazu lernst du
- die Zeitangaben mit **antes de, después de**
- einige unregelmäßige Verben wie **hacer, saber, jugar, salir, ver, ir, venir, poder, querer**
- die Konjunktionen **y, no...ni**

1. ¿HACEMOS DEPORTE?

jugar al
fútbol
baloncesto
voleibol
tenis
ping-pong

hacer
windsurf
snowboard
vela
danza
atletismo
submarinismo
judo
ciclismo

nadar
esquiar
patinar
montar a caballo
bailar

A ¿Qué deportes practican los chicos y las chicas de la ilustración? Escribe las frases en tu cuaderno y compara con un compañero. Schreibe die Sätze in dein Heft und vergleiche mit einem Partner/einer Partnerin.

Julián juega al fútbol y hace...

B ¿Te interesa algún deporte que no está en la lista? ¿Sabes cómo se llama en español? Pregunta a tu profesor y anótalo en tu glosario personal. Welche Sportarten interessieren dich noch? Wenn du das Wort nicht auf Spanisch kennst, frage den Lehrer/die Lehrerin. Schreibe die neuen Wörter in deine persönliche Wörterliste!

C Escribe frases para explicar qué deportes practicas, qué deportes no practicas y qué nivel tienes en cada uno. Schreibe Sätze über deine Sportarten (welche, welche nicht, wie gut, wie schlecht). Dann diskutiert in Vierergruppen, wie im Beispiel.

● Yo juego bastante bien al tenis y al fútbol.
○ Yo no sé jugar al tenis...
■ Yo sí, pero no muy bien.
❏ Yo no juego ni al tenis ni al fútbol.

D ¿Cuál es el deporte más popular en vuestra clase? Haced una votación. Eine Umfrage: Welche Sportart ist in der Klasse am beliebtesten?

● ¿Quién monta a caballo?
○ Yo.
■ Y yo también.
❏ Y yo, pero no muy bien.
● O sea, tres personas montan a caballo...

Montar a caballo   ///
Fútbol
...

Yo patino muy bien

Yo patino, pero no muy bien

Yo no sé patinar

Yo patino bastante bien

2. DOS DEPORTISTAS ESPECIALES

AVENTURA JOVEN

MERCHE PUENTE
Campeona de España de tenis

Merche, actual campeona de España de tenis en la categoría infantil, ha respondido a unas preguntas para nuestra revista *Aventura joven*.

Este año eres, por fin, campeona de España. ¿Cuántos años tienes?
Trece, pero cumplo los catorce en octubre.

¿Por qué te gusta el tenis?
Pues no sé. Creo que porque es divertido y también porque mis padres son aficionados al tenis. Pero hay muchos otros deportes bonitos... Yo, por ejemplo, también hago judo.

¿Cuántas horas a la semana entrenas?
Muchas, unas veinte horas a la semana.

¿Y cuándo entrenas? ¿Después del colegio, los fines de semana...?

Entreno todas las tardes de 6h a 8h. A veces no tengo ganas, pero...

¿Y los fines de semana también entrenas?
Sí, los sábados y los domingos, normalmente tres horas por la mañana y tres por la tarde.

¿Y qué haces cuando no entrenas?
Me gusta salir con mis amigos, escuchar música y jugar con el ordenador. Lo que no me gusta mucho es leer.

¿Qué otros deportes te gustan?
Me encanta el judo y esquiar.

ALEJO VILLANUEVA
Genio del golf

Alejo practica un deporte muy diferente: el golf. Es también un gran campeón que nos cuenta cómo es la vida de un jugador de golf.

Es la segunda vez que eres campeón de España. ¿Cuántos años tienes?
Catorce.

¿Cuántas horas al día juegas al golf? ¿Muchas?
Unas tres cada día, después del cole. Juego con mi entrenador, que es mi padre. Y los sábados y los domingos unas cinco horas.

¿Es difícil la vida de un jugador de golf?
No, no, qué va... Viajo mucho para participar en torneos y tengo muchos amigos en

muchos países. Es divertido.

¿Ganas siempre?
No, a mi padre no, por ejemplo.

¿Qué otros deportes te gustan?
Me gusta mucho el fútbol y también practico un poco el judo.

Pero no siempre juegas al golf... ¿Qué otras cosas te gusta hacer?
Me gusta mucho jugar con el ordenador, leer cómics y escuchar música.

A **Lee las dos entrevistas y busca tres cosas que tienen los dos chicos en común y tres cosas que no.** Lies den Text und finde je drei Dinge, die die beiden gemein haben und drei, die sie unterscheiden.

● *A los dos les gusta...*

B **¿Y tú? ¿Qué tienes en común con ellos?** Und welche Dinge hast du mit ihnen gemein?

● *Yo también hago judo.*

 C **Escucha ahora esta otra entrevista. ¿Qué sabes de Emi?** Was erfährst du über Emi im Interview?

D **Prepara con tu compañero una entrevista similar a un personaje del mundo de deporte, real o imaginario.** Schreibt zu zweit ein Interview mit einem echten oder erfundenen Sportler, das ihr danach der Klasse vorspielt. Vergesst nicht, ihn vorzustellen (Name, Alter, Herkunft, usw.).

VERBOS IRREGULARES
Unregelmäßige Verben

HACER	SABER	JUGAR
hago	**sé**	**jue**go
haces	sabes	**jue**gas
hace	sabe	**jue**ga
hacemos	sabemos	jugamos
hacéis	sabéis	jugáis
hacen	saben	**jue**gan

PRACTICAR DEPORTES
Sport treiben

● **¿Practicas algún deporte?**
○ **Sí, juego al** tenis y **hago** judo.

Y, NO... NI
Und, weder ... noch

Hago karate **y** surf.
No hago karate **ni** surf.

RELACIONES TEMPORALES
Zeitangaben

antes del colegio
después de las clases

antes de las seis   **después de** la seis

● **¿Cuándo** entrenáis?
○ **Yo, después de** la escuela.
■ **Yo, antes de** comer.

FRECUENCIA
Häufigkeit

siempre
normalmente
los sábados / **domingos** /...
una vez al día / **al mes** / **a la semana** /...
dos veces al día / **al mes** / **a la semana** /...
muchas veces
nunca

● **¿Cuántas horas al día** juegas al ajedrez?
○ Dos o tres.

● **¿Cuántas veces por semana** entrenas?
○ Dos. Normalmente los viernes y los domingos.

Wenn wir eine ungefähre Angabe machen möchten:

unas tres horas al día
tres horas, **aproximadamente**
dos **o** tres horas

3. TELEADICTOS

A Contesta a estas preguntas en tu cuaderno.
Beantworte die Fragen schriftlich.

1. ¿Te gusta la tele?

2. ¿Cuáles son tus programas favoritos?

3. ¿Cuántas teles hay en tu casa?

4. ¿Tienes una tele en tu habitación?

5. ¿Cuántas horas de tele ves al día?

6. ¿Cuándo ves la tele los fines de semana?

7. ¿Qué es para ti ver "demasiada" televisión?

8. ¿Necesitas permiso de tus padres para ver la tele?

9. ¿Quién controla el mando a distancia?

B En parejas, cada uno lee las respuestas de un
compañero. ¿Es un teleadicto? Tausche die
Antworten mit einem Partner/einer Partnerin aus und
entscheide: Ist er/sie fernsehsüchtig?

C ¿Cuánto tiempo dedicas, más o menos, a
hacer estas cosas? Escribe frases. Wieviel Zeit
verbringst mit diesen Aktivitäten? Schreibe Sätze.

jugar con el ordenador · leer · hacer deporte · escuchar música · hacer deberes · ver la tele · chatear · dormir · arreglar la habitación · hablar por teléfono

✏ Yo normalmente veo la televisión dos horas al día.

D En grupos, vamos a dar premios a algunos
compañeros. Jede Gruppe stellt dem Rest der Klasse
Fragen, um den Preisträger ausfindig zu machen.

EQUIPO 1
Busca al compañero que más
horas ve la tele:
entrega el **Premio Antena**.

EQUIPO 2
Busca al compañero que más
horas lee:
entrega el **Premio Cervantes**.

EQUIPO 3
Busca al compañero que más
horas hace deporte:
entrega el **Premio Olimpos**.

EQUIPO 4
Busca al compañero que está más
horas delante del ordenador:
entrega el **Premio Gates**.

EQUIPO 5
Busca al compañero que más
horas escucha música:
entrega el **Premio Beethoven**.

E Ahora informad al resto de la clase. Und nun
macht die Preisverleihung in der Klasse.

- El premio Antena es para Toni porque ve
  la tele cinco horas al día. ¡Y los fines de
  semana más!

4. ¿QUÉ PONEN HOY EN LA TELE?

la **chuleta** de **gramática**

la tele>hoy

7.00h ▶ Las noticias de la mañana.

7.45h ▶ Megatrix. Programa infantil que incluye las series animadas **Jimmy Neutrón** e **Inspector Gadget.**

12.00h ▶ La olla. Las mejores recetas de Asun Gordillo. Hoy: pizza vegetariana.

13.00h ▶ Sabrina. Serie.

14.00h ▶ Los Simpson. (Subtitulado para sordos)

15.00h ▶ Noticias.

15.30h ▶ La hora del corazón. Magacín presentado por Lucía Royo.

18.30h ▶ Urgencias. Serie.

19.00h ▶ Vivir con elefantes. Documental.

20.00h ▶ Un, dos, tres, ya. Concurso presentado por Tomás Oro, en el que seis concursantes se enfrentan para

ganar premios de hasta un millón de euros. (Subtitulado para sordos)

21h ▶ Noticias.

21.30h ▶ Gol a gol. Resumen de la jornada de fútbol.

24h ▶ Viva el cine: Indiana Jones y la última cruzada, con Harrison Ford.

2h ▶ La pobre María. Serie venezolana.

3h ▶ Clips musicales: los mejores videoclips de las grandes estrellas. Hoy, Eminem.

A Esta es la programación de una cadena española de televisión. Seguro que no es muy diferente de una de tu país. Aunque no lo entiendas todo, ¿puedes reconocer…? Versuche die Sendungen des Fernsehprogramms in die nachstehenden Kategorien einzuordnen.

un informativo   una serie

UN DOCUMENTAL

una película   un concurso

un programa musical   dibujos animados

UN PROGRAMA DE DEPORTES

B Mira la programación y elige tres programas. Such dir drei Sendungen aus.

● A mí me gustan los dibujos, las películas y los concursos. Quiero ver "Los Simpson", "Indiana Jones" y "Un dos tres, ya".

C También podéis escribir, en grupos, la programación de un día de una imaginaria "cadena ideal" para chicos de vuestra edad. Bildet Teams und schreibt das Fernsehprogramm eures Traumsenders! Danach stellt ihr das Programm der Klasse vor.

● A las siete de la mañana, dibujos animados, por ejemplo, "Bola de Dragón" y...

ACTIVIDADES HABITUALES
Regelmäßige Aktivitäten

| Yo voy a | la piscina nadar | **una vez** a la semana. **dos veces** al mes. **muchas veces.** **todos los días.** **todos los lunes.** |

Nado **unas** dos horas.
Nado dos horas **aproximadamente.**

| Hago | **un poco de** **bastante** **mucho** **demasiado** | deporte. |

¿Ves mucho la tele?

Unas dos horas al día

VERBOS IRREGULARES
Unregelmäßige Verben

SALIR	VER
salgo	**veo**
sales	ves
sale	ve
salimos	vemos
salís	veis
salen	ven

*Die Verben **ver** und **salir** sind in der 1. Person unregelmäßig. Weitere wichtige Verben mit einem **g** in der ersten Person des Präsens: **tengo**, **vengo**, **pongo.***

Veo la televisión una hora al día.
Salgo con mis amigos los domingos.

5. EN LA FERIA

A Lee las conversaciones. ¿Quiénes hablan? Lies die Dialoge. Wer spricht?

B Ahora escucha y comprueba. Höre die Dialoge, hast du es richtig gemacht?

C Con un compañero trata de descubrir cómo funciona el verbo **doler**. A veces es **duele** y a veces **duelen**. ¿Cuándo? Findet zu zweit heraus, wann man **duele** und wann man **duelen** verwendet und notiert die Regel.

Me duele el estómago.
Me duele la cabeza.
Me duelen las piernas.
Me duelen los ojos.

A
Mamá... Me duele la tripa...

Claro... ¡¡Tanto chocolate!!

B
Bufff... ¡Qué mareo!

¿Te encuentras mal?

No, nada, no es nada...

C
¡¡Achís!!

Salud, ¿estás resfriada?

Sí. Y tengo dolor de cabeza.

D
¡¡Ah!! ¡Qué daño!

¿Qué te pasa?

Me he hecho daño en la rodilla.

E
¿Subimos al tren?

Uy, no, ¡qué miedo!

6. DEMASIADO TIEMPO TUMBADOS

A Este es un informe del famoso Dr. Koller, especialista alemán de ortopedia, aparecido en la revista Salud, en el número dedicado a los chicos jóvenes. Lies den Artikel und versuche, die Abbildung mit den fehlenden Wörtern zu ergänzen.

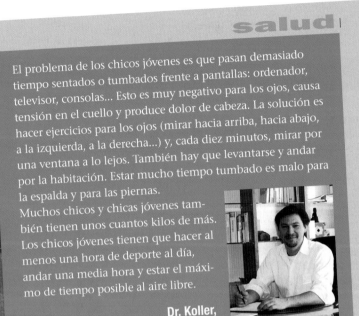

El problema de los chicos jóvenes es que pasan demasiado tiempo sentados o tumbados frente a pantallas: ordenador, televisor, consolas... Esto es muy negativo para los ojos, causa tensión en el cuello y produce dolor de cabeza. La solución es hacer ejercicios para los ojos (mirar hacia arriba, hacia abajo, a la izquierda, a la derecha...) y, cada diez minutos, mirar por una ventana a lo lejos. También hay que levantarse y andar por la habitación. Estar mucho tiempo tumbado es malo para la espalda y para las piernas.

Muchos chicos y chicas jóvenes también tienen unos cuantos kilos de más. Los chicos jóvenes tienen que hacer al menos una hora de deporte al día, andar una media hora y estar el máximo de tiempo posible al aire libre.

Dr. Koller,
especialista en ortopedia

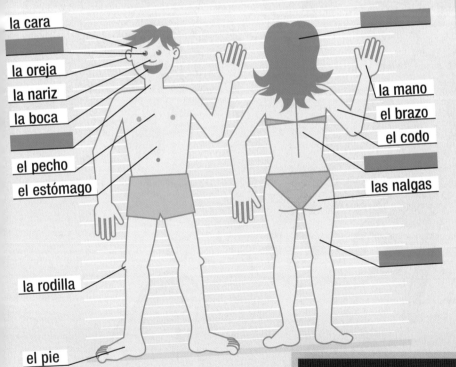

la cara
la oreja
la nariz
la boca
el pecho
el estómago
la rodilla
el pie
la mano
el brazo
el codo
las nalgas

ESTADOS FÍSICOS
Das körperliche Befinden

¿Qué te pasa?

Me duele la cabeza.
Me duelen las piernas.

Tengo dolor de cabeza / estómago /...

Estoy   resfriado/a.
     mareado/a.
     cansado/a.

No me encuentro (muy) bien.

Me he hecho daño en la mano / el pie /...

Tengo (un poco de)   hambre.
     sed.
     calor.
     frío.
     sueño.

SENSACIONES Y SENTIMIENTOS
Eindrücke und Gefühle

¡Qué calor / frío!
¡Qué miedo!
¡Qué sed / hambre!
¡Qué daño!
¡Qué dolor (de cabeza)!

IR
Gehen

voy
vas
va
vamos
vais
van

● **¿Vamos** a casa?
○ Sí, vale.

los problemas de los jóvenes	las soluciones
	hay que

B Con un compañero completa el cuadro en tu cuaderno. Ergänzt zu zweit die Tabelle in eurem Heft.

7. ¿VIENES?

A Teresa recibe cuatro correos con diferentes propuestas para el domingo por la tarde. ¿Qué expresiones puedes relacionar con los dibujos? Después lee los correos. ¿A qué dibujo se refiere cada uno?
Verbinde die passenden Ausdrücke mit den Abbildungen. Dann lies die E-Mails und ordne sie den richtigen Abbildungen zu.

ir al cine
ir a comer una hamburguesa o una pizza
ir a tomar algo
salir con amigos
ir de compras
ir a un concierto
quedarse en casa
ir a casa de unos amigos
ir a casa de la abuela....

- *Ir al cine, uno.*

A **Trabajo de Historia**

¡Hola Teresa!
Si quieres terminar el trabajo de Historia, tengo un montón de información de Internet. Puedes venir a mi casa el domingo. Después, podemos pasar por la hamburguesería "La vaca simpática". Hay una fiesta hasta las tres con muchas cosas gratis. ¿Puedes llamarme al móvil? Mi número es el 666840573. :-)

B **¡Hola, Teresa!**

¡Hola!
Mañana vamos al cine a ver una peli de miedo. Si quieres venir, nos encontramos a las cinco delante del cine Principal. ¡¡Vienen también Juanma y Luis!! Veeeeeeeen. ¡Adiós!

C **Partido de baloncesto**

¿Qué tal?
Lo siento, chica, pero el domingo no puedo ir contigo al partido de baloncesto. Es el cumpleaños de mi abuela y ya sabes: familia, familia, familia... Pero, si te apetece, podemos ir de compras esta tarde. Contesta rápido o mándame un SMS. 😊

D **Vente conmigo a Hollywood**

¡Hola! ¡Hola!
Estoy solo, aburrido... Es que estoy un poco enfermo (estoy resfriado y tengo un poco de fiebre y tos) y no me dejan salir. ¿Por qué no vienes a mi casa un rato? Podemos escuchar música. ¡¡Tengo unos CDs nuevos increíbles!! :-o
O si quieres, podemos ver una peli.
¡Hasta luego! :-)

B Imagina que estás en la misma situación que Teresa. ¿Cuál de las invitaciones aceptas? Für welche Einladung würdest du dich entscheiden?

- *Yo prefiero ir al cine. ¿Y tú?*
- *Yo, a comer una hamburguesa...*

8. MÁS INFORMACIÓN, EN INTERNET

A Teresa busca más información para decidir qué va a hacer este domingo y encuentra esta página web. ¿Adónde puede ir si...?
Wohin kann Teresa gehen, wenn sie ...

- ... quiere comer barato
- ... quiere pasar miedo
- ... quiere hacer un poco de deporte
- ... quiere escuchar música
- ... quiere saber cosas nuevas
- ... quiere comprar un CD

Atrás Adelante Detener Actualizar Página principal Autorrelleno Imprimir Correo

Dirección: @ www.ociogentejoven.com

> Cine Principal
13 FANTASMAS
Unos chicos de excursión llegan a una misteriosa casa. Uno de ellos desaparece. Una versión moderna de *Drácula*. Si quieres pasar mucho miedo... ¡No te la pierdas!

> Bolera Hollywood:
Precios fantásticos para grupos (pases para 6 personas, 24 euros)
Abierto de 10h a 22h
Pizzas, bocadillos y refrescos
Precios especiales para fiestas de cumpleaños

> La vaca simpática
Hamburguesería
Domingo, fiesta de 10º Aniversario
De 12h a 21h
Todo al 50%
Patatas fritas gratis a todas las personas menores de 18 años

> La Oreja de Van Gogh en concierto
Jueves 19 y sábado 28 de marzo
20h
Palacio de Congresos
Entradas a partir de 40 euros

> Partido de Baloncesto
Final de la Copa del Rey
Real Madrid - Pamesa Valencia
Polideportivo de la Fuente Clara 12h.

> ¿Tienes videojuegos usados? ¿Tienes CDs de música que no escuchas?
VEN A TRUEQUECEDÉ

> MUSEO DEL JURÁSICO:
Cine 4D.
Un esqueleto de Triceratops. Fósiles.
Viaje virtual al tiempo de los dinosaurios.

B Algunas de las actividades que aparecen en las webs se anuncian también por la radio, pero de forma diferente. Schreibe zunächst die Orte, die in den Annoncen genannt werden, in dein Heft, dann höre die Radio-Aufnahme und kreuze an, welche Orte du gehört hast.

C ¿Y a ti? ¿Adónde te gustaría ir? Wohin würdest du gerne gehen?

- *A mí me gustaría ir al cine y al concierto.*

D Ahora, simularemos que vamos a salir juntos los compañeros de clase. Prepara un papelito con una propuesta. El profesor recoge todas las invitaciones y las reparte. Tienes que contestar, por escrito, a la que recibas. Jeder schreibt eine Einladung zu einer Aktivität auf einen Zettel, der Lehrer/die Lehrerin sammelt alle Zettel ein und verteilt sie wieder. Nun schreibt jeder eine Antwort auf den Vorschlag, den er bekommen hat. Das kann eine Zu- oder eine Absage sein. Vergiss nicht, zu unterschreiben!

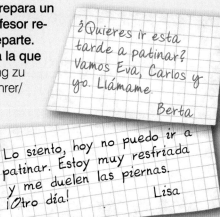

¿Quieres ir esta tarde a patinar? Vamos Eva, Carlos y yo. Llámame.
Berta

Lo siento, hoy no puedo ir a patinar. Estoy muy resfriada y me duelen las piernas. ¡Otro día!
Lisa

QUERER Y PODER
Möchten, können

QUERER	PODER
quiero	puedo
quieres	puedes
quiere	puede
queremos	podemos
queréis	podéis
quieren	pueden

QUERER / PODER + INFINITIV

Quiero ir al cine.

- ¿Quieres venir a mi casa?
- Hoy **no puedo** (ir). Tengo que ir al dentista.

VENIR

vengo
vienes
viene
venimos
venís
vienen

PROPONER Y QUEDAR
Vorschläge machen und sich verabreden

JEMANDEN EINLADEN, ETWAS VORSCHLAGEN

Si quieres, puedes venir a mi casa.

¿Quieres venir conmigo / con nosotros?

¿Vamos al cine?

¿Por qué no vienes a mi casa / con nosotros? Vamos de compras.

SICH VERABREDEN, ZUSAGEN MACHEN

- ¿A qué hora quedamos?
- A las cinco.

- ¿Dónde quedamos?
- ¿Quedamos en mi casa?

- ¿Qué tal a las seis?
- **Fenomenal**, a las seis estoy allí.
  Vale.
  Muy bien.

ABSAGEN MACHEN

No puedo, tengo que estudiar.
estoy resfriado.

DESEOS: ME GUSTARÍA
Wünsche äußern

- A mí me gustaría ver una película de acción.

LA REVISTA LOCA

🎧 QUIERO BAILAR

Los fines de semana quiero bailar.
Los fines de semana quiero gozar.
Los fines de semana no son pa' trabajar.
Los fines de semana, reír y amar...

Mis padres me preguntan
adónde voy
por qué no estoy en casa
o viendo televisión.

Pero yo les digo
el lunes, martes, miércoles
tengo colegio
el jueves y el viernes
qué lástima también
pero el sábado y el domingo
son el fin de semana y
no quiero trabajar más.

Porque...
los fines de semana quiero bailar.
Los fines de semana quiero gozar.
Los fines de semana no son pa' trabajar.
Los fines de semana, reír y amar...

Santo Domingo es una pequeña isla que contiene los países de Haití y la República Dominicana. Allí nace, en el siglo diecinueve, el merengue, actualmente la música nacional dominicana y uno de los estilos más importantes de la música bailable afrocaribeña.

Como baile, el merengue es bastante fácil y muchos grupos de salsa tocan también merengues. Desde su *boom* en los 80, el merengue es uno de los géneros más importantes de la industria musical latina.

ACTUALIDAD

¿ADICTOS A LOS VIDEOJUEGOS?

El 58,5% de los adolescentes españoles dedican buena parte de su tiempo de ocio a las "maquinitas", según el estudio 'Jóvenes y videojuegos', del Instituto de la Juventud (Injuve).

El 42,4% de los adolescentes encuestados suele jugar como mínimo tres días a la semana, y muchos de ellos afirman que incluso pueden hacerlo todos los días. El 25% puede definirse como adicto, ya que dedica más de dos horas diarias en días laborables a esta actividad.

También se sabe que el sector de los videojuegos es claramente masculino: los chicos son los mayores aficionados a quedarse delante de una pantalla. Muchos chicos dicen que tienen problemas derivados de los videojuegos, como sacar malas notas en el cole, discutir con los padres o no dormir las horas necesarias.

C de Cultura

Música latina

La música latina y española están de moda pero... ¿con qué país se relaciona...?

el tango   `_RG_NT_N_`

la salsa   `C_B_`

las rancheras   `M_X_C_`

el flamenco   `_SP_Ñ_`

la cumbia   `C_L_MB__`

la cueca   `CH_L_`

El deporte nacional

En tres de estos países el deporte nacional es el fútbol. En los otros, el béisbol. ¿En cuáles?

¿A QUÉ JUGAMOS?

El DOSSIER de la CLASE

UNA ENCUESTA SOBRE EL TIEMPO LIBRE

Wir möchten in Form von einer Umfrage herausfinden, was unsere Klassenkameraden und -kameradinnen am Wochenende unternehmen.

AUFGABE:

1 In Teams schreibt ihr 5 Fragen zu den folgenden Themenbereichen auf:

Gruppe 1: Sport
Gruppe 2: TV
Gruppe 3: PCs und Videospiele
Gruppe 4: Musik und Kunst
Gruppe 5: Freundschaften
Gruppe 6: Internet

¿Cuándo...? ¿Cuántas horas...? ¿Con quién...?

2 Jedes Teammitglied befragt jemanden aus der Klasse und notiert die Antworten. Danach bastelt ihr alle zusammen ein großes Poster mit dem Endergebnis, das im Klassenzimmer aufgehängt wird.

Muchos chicos de nuestra clase los fines de semana...
Algunos...

NECESITAMOS...
- Cartulinas
- Imágenes de revistas o de ordenador
- Dibujos hechos por vosotros mismos

6 De vacaciones

In dieser Lektion werden wir

eine Präsentation eines Landes oder einer Region vorbereiten

Nach dieser Lektion kannst du

- Informationen zu einem Land/Ort geben
- die Lage von Orten und Dingen beschreiben
- über das Klima sprechen
- über vor kurzem Geschehenes berichten
- über Zukunftspläne sprechen
- ausdrücken, wie sicher du dir einer Sache bist

Dazu lernst du

- den Gebrauch des Perfekts
- die Struktur **ir** + **a** + Infinitiv zum Ausdruck der Zukunft
- den Unterschied zwischen **ser** und **estar**
- die Ortsangaben: **en, al norte/sur/... de, al lado de, delante de, detrás de,** usw.
- die unpersönliche Form mit **se**
- die Relativsätze
- den Superlativ
- die Personalpronomen als direktes Objekt

1. EL VIAJE DE ELÍAS

A Elías es un fotógrafo que trabaja para la revista de viajes *Gente joven con mochila*. Observa el mapa y los dibujos: ¿que países reconoces?
Welche Länder kannst du der Landkarte zuordnen?

- *Esto es Venezuela, creo.*

HOY ES 8 DE ENERO: Estoy en Buenos Aires, la capital de Argentina. La ciudad es muy grande y muy interesante. Ahora estoy tomando un café en el centro, en la Avenida Corrientes, donde están todos los teatros. He ido a escuchar tangos al barrio de San Telmo y he comido la mejor carne de mi vida. Aquí es verano y hace bastante calor.

HOY ES 10 DE ENERO: Sigo en Argentina. Estoy en Tierra de Fuego, en la Patagonia. He estado en la capital, Ushuaia. En la Isla de los Lobos y en la Isla de los Pájaros, cerca de Ushuaia, he fotografiado mamíferos marinos y distintas especies de aves. El paisaje es increíble. No hace calor pero hace buen tiempo.

HOY ES 3 DE FEBRERO: Estoy en Perú y esta mañana he viajado hasta el Machu Picchu. ¡Es fascinante! Estoy a 2300 metros de altura, rodeado de templos de granito, acueductos, fuentes, tumbas, terrazas e inmensas escaleras... Son los restos del antiguo imperio de los incas y uno de los lugares más impresionantes que he visto en mi vida...

HOY ES 24 DE FEBRERO: Ecuador es uno de los países más pequeños de Sudamérica. He llegado en avión a las islas Galápagos. Están a 965 kilómetros de las costas ecuatorianas y son más de 40 islas pequeñas que forman el archipiélago. La flora y fauna de Galápagos son únicas en el mundo y he tomado fotos preciosas. Hay diferentes especies de galápagos gigantes, que son unas tortugas inmensas, y una gran variedad de aves. He navegado entre leones marinos, delfines y ballenas.
Mañana me voy a Venezuela.

B Elías recoge sus impresiones en un pequeño cuaderno. Lee sus notas y comprueba si has acertado con los países.
Lies Elías' Notizen und überprüfe, ob du die Länder richtig zugeordnet hast.

C A veces, en una grabadora, también registra detalles de su viaje. Escucha y anota en tu cuaderno. Schreibe die Fragen in dein Heft, höre Elías' Bericht und mache dir Notizen dazu.

¿Qué día es?

¿Dónde está Elías?

¿Qué tiempo hace?

¿Cómo es el país?

¿Qué hay en este país?

D En los textos aparece un nuevo tiempo, el Pretérito Perfecto: **he ido, he estado, he visitado...** Copia en tu cuaderno las formas que encuentres y, con un compañero, buscad los infinitivos correspondientes. Schreibt in Partnerarbeit den Infinitiv zu den Vergangenheitsformen in euer Heft und überlegt, wie das Perfekt gebildet wird und wie/wann es verwendet wird.

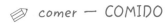

comer — COMIDO

2. ¿QUÉ TAL VAS DE GEOGRAFÍA?

A ¿Qué es o qué son? Was ist das?

El Titicaca
Lima
El Caribe
Cuba
Los Andes
El Aconcagua
Caracas
Bolivia
El Amazonas
El Orinoco
Honduras
El Atlántico
San José de Puerto Rico

Una cordillera
Un río
Una montaña
Un país
Una isla
Una ciudad
Un océano
Un mar
Un lago
La capital de...

• El Titicaca es un lago que está en ...

B Fíjate ahora en estas frases. Algunas llevan el verbo **ser** y otras el verbo **estar**. ¿Sabes cuándo o por qué? Arbeitet zu zweit: Wann wird **ser** und wann **estar** verwendet?

Los Pirineos **están** entre España y Francia.
Guatemala **está** en América Central.
Andalucía **está** al sur de Madrid.
Caracas **es** la capital de Venezuela.
Argentina **es** muy grande.
Medellín y Cali **son** dos ciudades colombianas.

3. NICARAGUA, UN PAÍS ENTRE DOS OCÉANOS

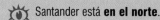 Nicaragua

CAPITAL: Managua

SITUACIÓN: Nicaragua limita al norte con Honduras, al sur con Costa Rica, al este con el Océano Atlántico y al oeste con el Océano Pacífico.

EXTENSIÓN: 130 668 Km². Es el país más grande de América Central.

HABITANTES: 5 000 000 aproximadamente

GRUPOS ÉTNICOS: mestizos 69%, de descendencia europea 17%, de descendencia africana (creoles) 9%, amerindios (miskitos y mayagnas) 5%.

PROBLEMAS PRINCIPALES SOCIALES: el desempleo y la extrema pobreza

MONEDA: córdoba

IDIOMAS: español, miskito y mayagna

PRINCIPALES PRODUCTOS: café, azúcar, oro y marisco

CLIMA: tropical

LUGARES DE INTERÉS: volcanes: Masaya y Momotombo; playas: Poneloya y San Juan del Sur; reserva natural: río Bartola; lugares pintorescos: León (catedral y casa natal del poeta Ruben Darío), Granada (casas coloniales) y Waspán (poblaciones indígenas).

ACTIVIDADES TURÍSTICAS: buceo, surf, caminatas, ecoturismo, canopy, kayak y pesca deportiva

A Leed la ficha sobre Nicaragua. Con los libros cerrados y en pequeños grupos, tratad de reconstruir el máximo de información. Lest den Text aufmerksam durch und versucht anschließend in kleinen Teams bei geschlossenen Büchern möglichst viele Informationen zu sammeln. Wer hat das beste Gedächtnis?

B Ahora, prepara una ficha sobre tu país o tu región con algunas informaciones (situación, capital, moneda, habitantes, **principales productos...**). Schreibe einen ähnlichen Text über dein Land. Wörter, die du nicht kennst, kannst du im Wörterbuch nachschlagen oder auch deine Lehrerin/deinen Lehrer danach fragen.

---

6 la **chuleta** de **gramática**

SITUAR LUGARES
Die Lage von Orten beschreiben

España **está**
al norte de Marruecos.
al sur de Francia.
al este de Portugal.
al oeste de Italia.

Santander está **en el norte**.

Cádiz está **en el sur**.

DESCRIBIR LUGARES
Orte beschreiben

Tiene
cinco millones de habitantes.
140 000 km².
un clima tropical/continental/mediterráneo.
montañas muy altas.

Es un país muy pequeño/bonito/...

EL TIEMPO
Das Wetter

Hace
(mucho/bastante)
calor
frío
viento
sol

(muy)
buen tiempo
mal tiempo

Llueve
Nieva
mucho/bastante

IMPERSONALIDAD CON SE
Die unpersönliche Form mit „se"

En México **se** habla español.
En América Latina **se** come mucho arroz.
En España **se** producen coches.

PRETÉRITO PERFECTO
Das Perfekt

HABER + PARTIZIP

he
has
ha   estado
hemos   comido
habéis   vivido
han

En Argentina **he comido** carne muy buena.

4. UN CONCURSO DE GEOGRAFÍA

A Di si es verdad o mentira. Puedes trabajar con dos compañeros. Richtig oder falsch? Arbeitet in Dreierteams.

1. ¿Cuba es una isla?
2. ¿Granada está en el sur de España?
3. ¿México es el país latinoamericano más grande?
4. ¿España tiene 40 millones de habitantes?
5. ¿Vietnam está en África?
6. ¿En Paraguay se hablan dos lenguas, el español y el guaraní?
7. ¿En Estados Unidos hay más de 30 millones de personas que hablan español?
8. ¿El Montblanc es una montaña?
9. ¿Los Andes están en Norteamérica?
10. ¿El Támesis es un río que pasa por Londres?
11. ¿La capital de Portugal es Lisboa?
12. ¿Nigeria tiene más de 100 millones de habitantes?
13. ¿Las islas Canarias son españolas?
14. ¿La capital de Canadá es Washington?
15. ¿Marruecos está al norte de Argelia?
16. ¿Rusia es el país más grande del mundo?

- ¿El Támesis es un río que pasa por Londres?
- ○ Yo creo que sí.
- ■ Yo no lo sé.
- ❑ Sí, sí, seguro...

B Un pequeño juego: cada alumno prepara una frase sobre un lugar del mundo, pero sin decir su nombre. ¿Quién lo adivina antes? Ein Ratespiel: Jeder schreibt einen Satz, der einen bestimmten Ort gut charakterisiert, der Rest der Klasse muss den Ort (das Land, die Stadt) erraten.

- Es una ciudad que está en el Océano Pacífico en la que se hacen muchas películas...
- ○ ¿San Francisco?
- No.
- ○ Los Angeles...
- ¡Sí!

C En equipos de tres, vamos a jugar a adivinar países. Un equipo piensa en un país, los demás equipos le hacemos preguntas por turnos. Noch ein Ratespiel, in Dreierteams: Ein Team sucht sich ein Land aus, die anderen Teams stellen reihum Fragen, die nur mit ja/nein beantwortet werden können. Welches Team ist am schnellsten?

EQUIPO A	¡Ya está!
EQUIPO B	¿Es grande?
EQUIPO A	No.
EQUIPO C	¿Está en Europa?
EQUIPO A	Sí.
EQUIPO D	¿Se habla inglés?
EQUIPO A	No.
EQUIPO E	¿Se habla alemán?
EQUIPO A	Sí.
EQUIPO F	¿Tiene muchas montañas?
EQUIPO A	Sí.
EQUIPO G	¿Austria?
EQUIPO A	Sí.

5. EL ESPAÑOL SUENA DE MUCHAS MANERAS

En el mundo hay unos 400 millones de personas, en cinco continentes y en 25 países, que hablan español. Solamente en Estados Unidos hay más de 40 millones de hispanohablantes. Y, naturalmente, cuando una lengua se habla en lugares muy alejados, tiene muchas variantes: acento y entonaciones diferentes, palabras diferentes para decir lo mismo o maneras distintas de expresar algo. Por ejemplo, cuando respondemos al teléfono, un español dice "diga", un colombiano "aló", un mexicano "bueno"... Pero son pequeños detalles y no hay una variante mejor que otra. Todos los hispanohablantes nos entendemos.

Países donde se habla español

A Lee el texto sobre el español en el mundo. ¿Y vuestra lengua? ¿En qué países se habla? ¿Cuánta gente la habla? ¿Hay diferencias regionales? ¿Todo el mundo habla igual? Lies den Text. In welchen Ländern wird deine Muttersprache gesprochen? Gibt es regionale Unterschiede? Diskutiert in der Klasse.

B Vas a escuchar a tres personas de tres países recitar una estrofa de una canción ("Plegaria a un labrador"). Du hörst drei Sprecher aus verschiedenen Ländern. Bemerkst du die Unterschiede in der Aussprache? Welche Version gefällt dir am besten?

> Levántate y mira la montaña
> de donde viene el viento, el sol y el agua.
> Tú que manejas el curso de los ríos,
> tú que sembraste el vuelo de tu alma.
> Levántate y mírate las manos
> para crecer estréchala a tu hermano.

C Has observado que en las variantes del español hay diferencias importantes de **pronunciación**. Du hörst nun die gleichen Wörter mit spanischer, mexikanischer und argentinischer Aussprache. Achte auf die Unterschiede.

Achte besonders auf die Laute, die den Buchstaben **s/z/c**, **ll/y**, **j** entsprechen.

lejos   Tijuana
llueve   playa
Zapata   Zaragoza
Sevilla   Asunción

SUPERLATIVOS
Der Superlativ

Belice es **el** país **más** pequeño **de** América.

El Everest es **la** montaña **más** alta **del** mundo.

RELATIVAS
Relativsätze

Es un país.   Tiene muchas montañas.

Es un país **que** tiene muchas montañas.

Es un país **en el que** se habla francés.
Es una región **en la que** se cultiva café.
Es una ciudad **donde** se hacen películas.

GRADOS DE SEGURIDAD
Sicherheit/Unsicherheit ausdrücken

● ¿Francia está al norte de España?

○ **Sí, sí, seguro.**
❑ **(Yo) creo que sí.**
■ **(Yo) no lo sé.**

6. ¿DÓNDE ESTÁ MI MOCHILA?

A Tamara y Juanjo se van de vacaciones. **Están preparando la mochila.** Lies oder höre das Gespräch, schreibe die Nummern in dein Heft und daneben, wie die Räume heißen.

TAMARA	Mamá… ¿Y mi mochila, la roja?
MADRE	En el armario de tu cuarto.
JUANJO	Mamá… ¿Y mis botas de montaña?
MADRE	En el armario del garaje, abajo a la derecha.
TAMARA	¿Y sabes dónde está mi saco de dormir?
MADRE	Sí, claro, en tu cuarto, debajo de la cama.
JUANJO	¿Y la linterna?
MADRE	En la cocina, encima de la mesa.
TAMARA	Mamá… No encuentro mi toalla azul.
MADRE	Pues está en el cuarto de baño, en el armario, al lado de la bañera.
JUANJO	Mami, ¿y mi balón de fútbol?
MADRE	Mira, allí, al lado de tu cama.
TAMARA	¿Y mi anorak gris? No lo encuentro por ninguna parte…
MADRE	En el salón, encima del sofá, creo…
JUANJO	¿Y mi anorak amarillo?
MADRE	En la entrada, dentro del armario…

B Ahora lee estas afirmaciones y mira la imagen, ¿cuáles son verdad y cuáles mentira? Sind die Aussagen richtig oder falsch?

	verdad	mentira
1. Hay una mochila azul en el garaje.		
2. Hay unas botas blancas en el cuarto de Tamara.		
3. Hay una toalla roja en la entrada.		
4. Hay unas zapatillas azules debajo de la cama de Juanjo.		
5. Hay un anorak gris encima de la cama de Juanjo.		
6. Hay un balón de fútbol debajo de la mesa de la cocina.		
7. Hay una raqueta de tenis encima de la cama de Tamara.		

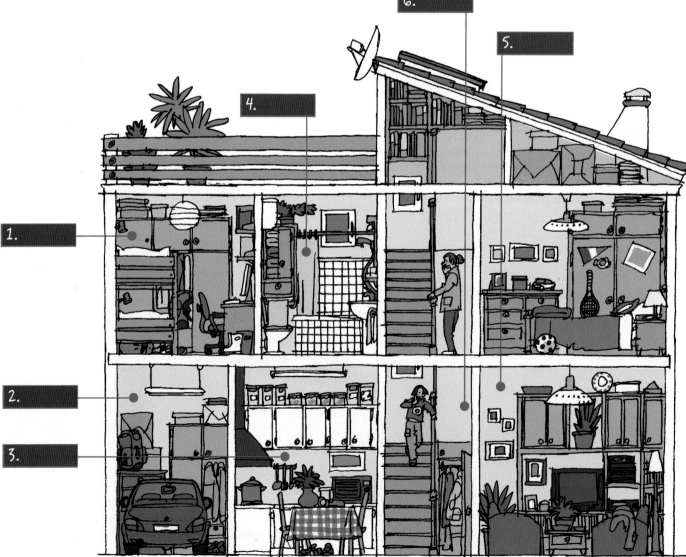

7. LAS BOTAS, ALLÍ

A Tamara y Juanjo ya están en el campamento. Pero como son muy despistados, no recuerdan dónde están las cosas.
Höre das Gespräch, sieh das Bild an und schreibe in dein Heft, wo sich die Dinge befinden.

1. La pasta de dientes
2. Las palas de ping-pong
3. El chocolate
4. El juego de cartas y el parchís
5. La cámara de fotos
6. El colchón hinchable
7. Las zapatillas negras
8. Las gafas de sol

está/n

a la derecha de las botas
en el suelo
en la bolsa roja
delante de la mochila
debajo del saco de dormir
en el bolsillo del anorak
dentro de la tienda
encima del saco de dormir

- La pasta de dientes está...

B Fíjate ahora en estas pequeñas conversaciones. Con otro compañero tratad de averiguar cuándo se usan **lo/la/los/las**.
Seht euch zu zweit die Minidialoge an und versucht herauszufinden, wie man **lo/la/los/las** verwendet. Wie lautet die Entsprechung in deiner Muttersprache?

- ¿Y el saco?
  ○ **Lo** he puesto en la bolsa.

- ¿Y los caramelos?
  ○ **Los** he puesto en la bolsa.

- ¿Y la mochila?
  ○ **La** he puesto en la bolsa.

- ¿Y las botas?
  ○ **Las** he puesto en la bolsa.

SITUAR
Ortsangaben machen

¿**Dónde está** Alex?

aquí	arriba
allí	abajo
a tu lado	a la derecha
a mi lado	a la izquierda

en el suelo

debajo de la mochila

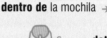 **encima de** la mochila

dentro de la mochila

 detrás de la mochila

delante de la mochila

 **al lado de** la mochila

entre la mochila **y** las botas

PRONOMBRES DE COMPLEMENTO DIRECTO
Das Pronomen als direktes Objekt

me	
te	
lo	la
nos	
os	
los	las

¿Dónde estás? No te veo...

Aquí... ¿No me ves?

- ¿Y **el saco**?
- **Lo** he puesto en la mochila.
- **El saco lo** he puesto en la mochila.

8. NOS VAMOS DE VACACIONES

A Lee el siguiente texto sobre las vacaciones en España. ¿Es muy diferente vuestro calendario? Lies den Text und schreibe einen ähnlichen Text über deinen Schulkalender.

- *Nosotros tenemos vacaciones en julio y en...*

LOS ADOLESCENTES DE VACACIONES

En los colegios españoles las vacaciones se distribuyen de la siguiente manera: en Navidad hay quince días de fiesta, desde el 22 de diciembre, aproximadamente, hasta el 7 de enero. También hay vacaciones en Semana Santa (en marzo o en abril). Y, luego, vienen las de verano, casi tres meses, desde el 21 de junio hasta el 15 de septiembre.

En verano muchos chicos y chicas participan en campamentos o colonias. También algunos van al extranjero a estudiar idiomas. Otros pasan las vacaciones en la casa del pueblo del que proceden los padres, con los abuelos. Muchos padres opinan que las vacaciones de verano son demasiado largas, y que los chicos se aburren.

MARCOS: deportes náuticos en Ibiza
Normalmente, con mi familia vamos de vacaciones a Ibiza unos quince días en agosto, a un hotel. Nos gusta mucho a todos: buceamos, hacemos surf... Solemos ir en barco y así podemos llevar el coche. Este año, además, en julio voy a ir un campamento de baloncesto.

ÁGATA: un crucero por el Mediterráneo
Mi madre y yo todos los veranos hacemos un viaje de unos 10 días. Este año vamos a hacer un viaje en barco por el Mediterráneo: vamos a Italia, a Grecia y a Túnez.

INÉS: en el pueblo con los abuelos
Mis padres trabajan en verano: tienen un restaurante. Así que yo me voy con mis abuelos. Viven en un pueblo, en la Sierra de Gredos. Es muy divertido. Allí tengo muchas amigas, vamos a la piscina, damos paseos en bici... Y a veces podemos salir un rato por la noche a la plaza del pueblo, cuando son las fiestas. Este año también voy a ir.

VICTORIA: inglés en Irlanda
Estas vacaciones voy a ir un mes a Irlanda a perfeccionar mi inglés. Voy sola y... ¡en avión! Y luego, voy a quedarme en casa, en Madrid. Es un poco aburrido. Suerte que tengo algunos vecinos en el barrio que también están en la ciudad.

ABEL: camping en los Pirineos
Con mis padres y mis hermanos vamos siempre de camping a los Pirineos. Vamos en una autocaravana. Estamos cerca de un pueblo y hacemos excursiones a pie por las montañas, vamos a los lagos... En el camping siempre hay mucha gente de mi edad y lo paso muy bien. Este años vamos a visitar Huesca.

B Lee qué explican los chicos entrevistados sobre sus planes para este verano. Lies die Ferienpläne der Mädchen und Jungen. Du wirst nicht jedes einzelne Wort verstehen, aber sicherlich die wichtigsten Informationen. Welcher Plan gefällt dir am besten?

- *A mí me gusta el plan de Marcos porque va a bucear y...*

C ¿Y tú? ¿Qué vas a hacer las próximas vacaciones? Berichte über deine Ferienpläne!

- *Yo, en julio, voy a ir a Italia, a casa de mi abuela...*

¿Adónde vas a ir?
¿Con quién?
¿Cómo vas a ir?
¿Cuándo?
¿Cuánto tiempo?

9. PREFIERO VIAJAR...

¿Cómo prefieres pasar las vacaciones? Responde individualmente al test y después hazle preguntas a un compañero y anota sus respuestas. Beantworte die Testfragen. Befrage anschließend jemanden aus der Klasse und notiere auch ihre/seine Antworten.

1. Me gustan...
a) las vacaciones deportivas
b) las vacaciones ecológicas
c) las vacaciones de aventura
d) las vacaciones culturales

2. Prefiero viajar...
a) en coche
b) en tren
c) en avión
d) en bici
e) a pie
f) en barco
g) en autocar

3. y alojarme en...
a) un hotel
b) un camping
c) un apartamento
d) una caravana

4. Prefiero ir de vacaciones...
a) a la playa
b) a la montaña
c) al campo
d) a una gran ciudad
e) a un país lejano

5. Cuando viajo me interesa/n sobre todo...
a) la naturaleza
b) los deportes
c) la cultura
d) las compras
e) conocer gente

10. DE-VACACIONES.COM

A Mira estas ofertas de una agencia de viajes virtual. Elige las dos ofertas que más te interesan. Lies die Anzeigen und suche zwei Angebote aus. Du musst nicht jedes Detail verstehen!

Dirección: @ www.de-vacaciones.com

www.de-vacaciones.com

Superoferta
FÚTBOL EN MADRID

Incluye entradas para ver un partido entre el FC Barcelona y el Real Madrid. Y además, arte y cultura. Visitas al Museo del Prado, al Parque del Retiro y al Palacio Real. Excursión a Toledo en bus. Visita a varios centros comerciales para descubrir la moda española.

por 345,00 €

IBIZA
¡¡A Ibiza a descansar!!

Apartamentos de 6 plazas en gran complejo turístico. 5 restaurantes, tiendas, discoteca, piscina climatizada, tenis. Excursiones en bicicleta por la isla con guía. Curso de windsurf y/o de iniciación al buceo.

por 465,00 €

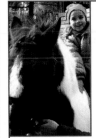

Excursiones a caballo por Gorbea
(País Vasco, oferta, cuatro días)

Excursión a caballo por Gorbea en un paraje natural de gran belleza, el Parque Nacional de Gorbea, el más grande del País Vasco. Cueva de Mairulegorreta, con más de 12 kilómetros de longitud; Museo de Alfarería Vasca en Ollerías, el Santuario de Oro, la Cascada de Gujuli... y el parque, ¡claro! Dónde vas a alojarte: Hotel La Casa del Patrón. Cuenta con 14 habitaciones totalmente equipadas con aire acondicionado, televisión vía satélite, canales musicales. Pensión completa.

por 264,00 €

3 días en Port Aventura y Costa Caribe... ¡Diversión sin límites!

Hotel El Paso, de 4 estrellas. A tan solo un paso del mejor parque temático en España: Port Aventura. Situado en las proximidades de Salou y La Playa Larga. El hotel cuenta con: zona de piscina de 2000 metros cuadrados con jacuzzi gigante, piscina infantil con un galeón pirata semihundido y juegos de agua. Restaurante El Coyote: pizzas y hamburguesas en un ambiente tematizado con películas y actores famosos. Barbacoa Club Maya: carnes al grill y "Show Cooking". Programa de animación.

por 364,00 €

B Habla con tu compañero y pregúntale qué opciones ha elegido y por qué. Frage eine Mitschülerin/einen Mitschüler, was sie oder er ausgesucht hat und warum.

- ¿A ti qué viaje te interesa más?
- A mí el de Madrid.
- ¿Por qué?

C Ahora informad al resto de la clase sobre vuestras preferencias. Nun berichtet der Klasse, wofür ihr euch entschieden habt.

- Nina quiere ir a Ibiza porque...

6 la **chuleta** de **gramática**

ÉPOCAS DEL AÑO
Die Jahreszeiten

en Navidad / Semana Santa / vacaciones
en primavera/verano/otoño/invierno
en enero/febrero/marzo/abril/mayo/junio/ julio/agosto/septiembre/octubre/ noviembre/diciembre

EN, A, CON, POR
Die Präpositionen „en/a/con/por"

ir en coche/tren/barco/avión/bicicleta

ir a Sevilla/pie

- ¿Adónde vas?
- Voy **al** campo. / Voy **a la** playa.

venir de Roma

- ¿De dónde **vienes**?
- De casa de Juan.

quedarse en casa / la ciudad / ...
pasar las vacaciones en Marruecos
estar en Buenos Aires

viajar por España

pasar por Madrid

ir de vacaciones con mis padres/amigos/...

HABLAR DE PLANES
Über Zukunftspläne sprechen

este verano/otoño/invierno/año/...
esta primavera/semana/mañana/...
estas vacaciones/Navidades/...
mañana / **pasado mañana**
el año que viene / **la semana próxima**
el día 10
en agosto/Pascua/...

IR + A + INFINITIV

Este verano **voy a viajar** por Alemania.
Mañana **voy a salir** con Laura.

DAS PRÄSENS, UM ZUKUNFT AUSZUDRÜCKEN

Mañana **voy** a París.
Este verano **me quedo** en casa.

PREFERIR
Etwas bevorzugen

pref**ie**ro
pref**ie**res
pref**ie**re
preferimos
preferís
pref**ie**ren

LA REVISTA LOCA

EN EL MUNDO

LA AMAZONIA:
La selva más grande del mundo en peligro

Los 600 millones de hectáreas que abarca la cuenca amazónica, que se extiende por Brasil, Perú, Bolivia, Ecuador, Surinam, Guayana, Venezuela y Colombia, están en peligro. En la actualidad, la Amazonia vive la peor crisis social y ecológica de su historia. La selva tropical está desapareciendo a un ritmo terrible: 5200 hectáreas al día, lo equivalente a ocho campos de fútbol por minuto.

La industria maderera, los incendios forestales, la construcción de carreteras, la expansión de la agricultura y la ganadería, las plantaciones de soja, las prospecciones petrolíferas... Estas son algunas de las amenazas a las que se enfrenta la Amazonia, la reserva de biodiversidad más importante de la Tierra. Allí viven, por ejemplo, 1700 especies conocidas, el 50% de todas las especies animales y representa el 30% de los bosques tropicales.

Los seres humanos también están directamente afectados por la muerte lenta de la Amazonia. Sólo en Brasil, en este ecosistema hay 330 000 indios, 220 etnias y 180 idiomas.

EXTREMOS TERRESTRES

 Lugar más lluvioso
Monte Waialeale (Hawai)
Media anual 1196 cm³

 Lugar más seco
Desierto de Atacama (Chile)
Precipitación inapreciable

 Lugar más caluroso
Al'Aziziyah (Arabia Saudí)
57ºC en el año 1922

 Lugar más frío
Vostok (Antártida)
-88ºC en el año 1960

 Ciudad más al norte
Ny Alesund (Spitzbergen)

 Ciudad más al sur
Puerto Williams (Chile)

 Ciudad más alta
Aucanquilcha (Chile)
5334 m

 Ciudad más baja
Pueblos en el mar Muerto
-392 m

ACERTIJOS DE GEOGRAFÍA

1 ¿Cuál es el océano más tranquilo?

 2 Cita un país con las cinco vocales.

3 Madrid empieza por M y termina por T. ¿Verdadero o falso?

 **4** ¿Qué provincia y ciudad española tiene nombre de animal?

5 ¿Qué país se queda en 1090 si le quitan las vocales?

SOLUCIONES

1. Océano Pacífico.
2. Mozambique.
3. Verdadero, "termina" empieza por "t".
4. León.
5. México en números romanos es MXC = 1090

C de Cultura

Ríos mar agua sol vapor nubes lluvia nieve montañas lagos
La Rueda del Agua

VERSOS SENCILLOS
José Martí

Yo soy un hombre sincero
De donde crece la palma,
Y antes de morirme quiero
Echar mis versos del alma.

Yo vengo de todas partes,
Y hacia todas partes voy:
Arte soy entre las artes,
En los montes, monte soy.

Si ves un monte de espumas,
Es mi verso lo que ves:
Mi verso es un monte, y es
Un abanico de plumas.

Ja, ja, ja, ja...

- ¿De dónde vienes?
- De Moscú.
- ¡Uy! Pues allí hace mucho frío, ¿verdad?
- No, no, ni frío ni calor: cero grados.

ALGUNOS SE VAN DE VACACIONES...

¡QUÉ SUERTE! ALGUNOS SE VAN DE VACACIONES.

BAH... EN LA PLAYA HAY MUCHA ARENA. Y MUCHA GENTE...

Y EN LOS LAGOS HAY MUCHOS MOSQUITOS. Y HORMIGAS... Y ARAÑAS.

Y EN LA MONTAÑA... BUF... HAY QUE ANDAR MUCHO... Y ES MUY PELIGROSO...

Y EN LOS CAMPINGS, CUANDO HACE MAL TIEMPO, ES HORRIBLE.

¿Y EN LAS GRANDES CIUDADES? EDIFICIOS, COCHES, RUIDO, HUMO...

CLARO... SI AQUÍ ESTAMOS MUY BIEN. ¿DÓNDE PODEMOS ESTAR MEJOR?

MAN03

¿EN LA PISCINA?

SÍ, ¡EN LA PISCINA!

El DOSSIER de la CLASE

UN LUGAR INTERESANTE

Wir werden in kleinen Gruppen eine Präsentation über ein spanischsprachiges Land halten. Das kann ein Land sein, das ihr gerne besuchen würdet oder auch eines, das ihr schon kennt.

AUFGABE:

1 Die Gruppen sollten nach Interessen gebildet werden:

- ¿Quién quiere trabajar sobre México?
- ¿Y sobre Andalucía?
- ¿Y...?

2 Nun stellt jedes Team eine Liste mit den Themen zusammen, über die es berichten möchte.

situación
habitantes
idioma/s
lugares de interés
clima
...

3 Jedes Teammitglied sammelt Informationen, danach erstellt ihr gemeinsam einen Leitfaden für eure mündliche Präsentation. Natürlich könnt ihr euch auch bei jemandem informieren, der schon in diesem Land gewesen ist.

4 Jedes Team präsentiert sein Land vor der Klasse, wobei auch audiovisuelle Hilfsmittel eingesetzt werden sollten.

5 Nun entscheidet die Klasse, welche Präsentation am besten gelungen ist. Verteilt die Punkte nach den folgenden Kriterien (10 Punkte = maximale Punktzahl):

-10 Punkte für Originalität
-10 Punkte für die Präsentation als solche
-10 Punkte für die Korrektheit der Sprache
-10 Punkte für die Aussprache
-10 Punkte für die Flüssigkeit

NECESITAMOS...

- Buscar información en Internet, en enciclopedias, en folletos de agencias de viajes, etc.
- Preguntar a gente que ha estado en ese lugar
- Buscar material gráfico: fotos, diapositivas, páginas web o vídeos

Felicidades!

In dieser Lektion werden wir

einkaufen gehen und Geburtstagsgeschenke aussuchen.

Nach dieser Lektion kannst du
- nach dem Preis fragen
- etwas in einer Bar oder im Restaurant bestellen
- über Daten sprechen

Dazu lernst du
- das Verb **estar**
- die Präposition **para**
- die Artikel **un/una/unos/unas, el/la/los/las**
- die Demonstrativpronomen **este/esta/estos/estas/esto**
- die Zahlen ab 100
- die Farben

⑤ Tiempo libre

In dieser Lektion werden wir

eine Umfrage über Freizeit und Hobbys durchführen

Nach dieser Lektion kannst du
- über Hobbys und Sportarten sprechen
- Häufigkeit und Regelmäßigkeit ausdrücken
- über die Gesundheit sprechen
- Eindrücke und Gefühle ausdrücken
- eine Aktivität vorschlagen, dich verabreden

Dazu lernst du
- die Zeitangaben mit **antes de, después de**
- einige unregelmäßige Verben wie **hacer, saber, jugar, salir, ver, ir, venir, poder, querer**
- die Konjunktionen **y, no...ni**

⑥ De vacaciones

In dieser Lektion werden wir

eine Präsentation eines Landes oder einer Region vorbereiten

Nach dieser Lektion kannst du
- Informationen zu einem Land/ Ort geben
- die Lage von Orten und Dingen beschreiben
- über das Klima sprechen
- über vor kurzem Geschehenenes berichten
- über Zukunftspläne sprechen
- ausdrücken, wie sicher du dir einer Sache bist

Dazu lernst du
- den Gebrauch des Perfekts
- die Struktur **ir + a + Infinitiv** zum Ausdruck der Zukunft
- den Unterschied zwischen **ser** und **estar**
- die Ortsangaben: **en, al norte/sur/... de, al lado de, delante de, detrás de,** usw.
- die unpersönliche Form mit **se**
- die Relativsätze
- den Superlativ
- die Personalpronomen als direktes Objekt

Repaso
de las
unidades
4, 5 y 6

¿Ya sabes...?

1 Ahora ya sabes hacer todas estas cosas, ¿verdad? Bildet kleine Gruppen und schreibt mindestens zehn weitere Sätze zu jedem Thema. Ihr könnt sie auf große Bögen festes Papier schreiben und als Plakat im Klassenzimmer aufhängen.

Este regalo es para Anna

EN AGOSTO VOY A IR A MALLORCA

Tengo hambre

▨ Situar personas, objetos, lugares
Ortsangaben zu Personen, Gegenständen, Ländern
Marina está en la tienda de "chuches".
¿Los servicios? Al fondo a la derecha.
España está en el sur de Europa.
El móvil está debajo de la mochila.

▨ Desenvolverte en un bar o restaurante
Im Restaurant auswählen/bestellen/bezahlen
¿Tienen bocadillos calientes?
Para mí, una hamburguesa, por favor.
¿Cuánto es?

▨ Contar los números hasta los millones
Zahlen bis in die Millionen angeben
Cinco millones quinientos cincuenta y cinco mil quinientos cincuenta.

▨ Referirte al destinatario
Ausdrücken, für wen eine Sache gedacht ist
¿Para quién es este disco?
Este regalo es para ti.

▨ Describir o identificar por el color
Die Farbe beschreiben
¿De qué color son los pantalones de Ana?
Quiero unos pantalones negros.
Me gusta esta bolsa azul.

▨ Hablar del precio
Über den Preis sprechen
¿Cuánto cuestan estos vaqueros?
¿Esta gorra cuesta veinticinco euros? Es un poco cara.

▨ Expresar cuándo y con qué frecuencia realizas una acción
Ausdrücken, wann und wie oft du etwas tust
Después del colegio voy a clase de judo.
Yo entreno a tenis todos los sábados por la mañana.
¿Cuántas horas al día juegas al ajedrez?

▨ Hablar de aficiones
Über Hobbys sprechen
Me gusta escuchar música.
Voy a la piscina con mi familia.
¿Practicas algún deporte?
Juego al tenis y hago judo.

▨ Hablar de estados físicos
Über das Befinden sprechen
¿Qué te pasa?
Me duele la cabeza.
Estoy cansada.
No me encuentro bien.
Tengo sed.
¡Qué calor!

▨ Invitar y proponer actividades
Jemanden einladen/Aktivitäten vorschlagen
Si quieres, puedes venir a mi casa.
¿Quieres venir conmigo al cine?
¿Vamos al parque?
¿Por qué no vienes con nosotros de compras?

▨ Aceptar, quedar o excusarte
Sich verabreden/eine Einladung ablehnen
Vale, muy bien.
¿A qué hora y dónde quedamos?
¿Qué tal a las seis?
Fenomenal, a las seis estoy allí.
No puedo, tengo que estudiar.

▨ Expresar deseos
Einen Wunsch ausdrücken
A mí me gustaría ir a un concierto.

▨ Describir países
Länder beschreiben
España tiene 42 millones de habitantes.

▨ Hablar del tiempo y del clima
Über das Wetter und das Klima sprechen
En el norte de España llueve bastante.
Guatemala tiene un clima tropical.

▨ Comparar
Vergleiche anstellen
Ciudad de México es la ciudad más poblada del mundo.

▨ Hablar de planes
Über Zukunftspläne sprechen
Mañana voy de compras con mis amigas.
En julio voy a ir a Perú.

▨ Relatar acciones pasadas
Über Vergangenes sprechen
¿Has estado en Argentina?
He visto una película muy interesante.

Palabras, palabras

2 ¡Qué lío! ¿Puedes ordenar esto?
Ordne die Begriffe neu, es gibt
mehrere Möglichkeiten!

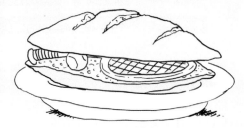

1. **Una raqueta** de patatas → `una raqueta de tenis`
2. **Unas gafas** de queso → ....
3. **Una botella** de "chuches" → ....
4. **Una tienda** de sol → ....
5. **Un bocadillo** de tenis → ....
6. **Una bolsa** de naranjada → ....
7. **Unas zapatillas** de hamburguesas → ....
8. **Un helado** de deporte → ....
9. **Unos pantalones** de chocolate → ....
10. **Una tortilla** de palomitas → ....

3 Clasifica en tu cuaderno las palabras siguien-
tes. Schreibe die Tabelle in dein Heft und ordne die
Wörter dem passenden
Oberbegriff zu.

isla   baloncesto
pierna   bufanda
queso   ciudad
jamón   vela
sudadera   país
naranjada   mano
agua   espalda
camiseta   submarinismo
cazadora   bañador
río   estómago

COMIDA O BEBIDA	ROPA	DEPORTES	LUGARES	PARTES DEL CUERPO

4 ¿Qué llevan puesto estos chicos? Was haben
die beiden an?

El chico lleva... _____

La chica lleva... _____

5 ¿Qué tiempo hace en estos lugares? Wie ist
das Wetter? Schreibe Sätze in dein Heft.

✐ En Palma de Mallorca hace buen tiempo.

¿Entiendes?

6 **Kike y sus amigos están de vacaciones.** Lies den Comic und beantworte die Fragen.

1. ¿Adónde van de vacaciones? ¿Van al Caribe?
2. ¿Qué lleva Jazmín en su equipaje?

3. ¿Qué cosas llevan? Escribe en tu cuaderno cuáles de estas:

música · bebidas · objetos de camping · ropa · libros · bicicletas · raquetas · patines · comida · revistas

EL VIAJE DE LA PEÑA

7 **Lee el texto y escribe quién tiene en común las informaciones de la pizarra.** Lies den Text und die Angaben auf der Tafel. Dann schreibe in dein Heft, auf wen jeweils die gleichen Kriterien zutreffen.

MARISA BLANCO

El próximo mes cumple 14 años. Es muy habladora y muy simpática. Vive con su madre y su padrastro. No tiene hermanos ni animales en casa porque es alérgica. Le gusta ir al cine y escuchar música. Su país favorito es Chile, porque sus padres son chilenos y porque allí tiene muchos primos y amigos. Va de vacaciones a distintos países de Europa y, normalmente, en Navidades, va a Chile. Vive en un piso en el centro de la ciudad.

SUSANA PÉREZ

Tiene 13 años. Es de Málaga y vive con sus padres y sus tres hermanos. Tienen un perro que se llama "Puki". Le gusta ir de compras y ver la televisión. Y también la informática, sobre todo navegar por Internet. Es un poco callada y muy trabajadora. Va de vacaciones en agosto con su familia a la playa. Vive en las afueras de la ciudad.

LAURA DÍAZ

Tiene 13 años. Es muy tímida, pero también simpática. Le gusta la fotografía, el cine y leer. De mayor quiere ser directora de cine. Vive con su madre, con su hermano y con su perro "Max". Le interesa mucho la informática. ¡Es un genio de la informática! En verano siempre va al pueblo de sus abuelos, que está en la playa, en la Costa Brava.

1. La edad:
2. Dos aficiones:
3. El lugar de vacaciones:
4. Un rasgo del carácter:
5. La mascota:

8 **Escucha esta conversación entre dos amigas y contesta las preguntas.** Höre den Dialog und und beantworte die Fragen.

1. ¿Cuándo es la fiesta?
2. ¿Cómo van hasta la casa? ¿En qué medio de transporte?
3. ¿Dónde se encuentran?
4. ¿Por qué no va Luis a la fiesta?
5. ¿Qué regalo le van a comprar a Carlota?

¿Me lo explicas?

9 Imagina que estás en este lugar. Escribe una postal a un amigo en español. Schreibe an einen Freund/eine Freundin, was du an diesem Ort gesehen und unternommen hast.

Playa del Carmen

2 PESOS MÉXICO

10 Una conversación sobre las próximas vacaciones. Bereitet zu zweit ein Gespräch über eine Ferienreise vor (Dauer mindestens zwei Minuten). Mal sehen, wer die abenteuerlichste Reise erfindet!

1. ¿Adónde vais? ¿En qué medio de transporte?
2. ¿Cuándo? ¿Cuánto tiempo?
3. ¿Con quién?
4. ¿Cómo es el sitio al que vais?
5. ¿Qué os vais a llevar?

El test

11 Contesta el test y luego comprueba los resultados con un compañero.

Beantworte die Testfragen und vergleiche anschließend deine Ergebnisse mit jemandem aus der Klasse.

1. ● ¿Qué tiendas te gustan más a ti?
   ○ A mí me _____ las tiendas de música.

   a. gusto
   b. gusta
   c. gustan

2. ● Perdone, ¿dónde _____ los servicios?
   ○ Allí, al fondo.

   a. hay
   b. están
   c. son

3. ● ¿Cuánto cuestan estos vaqueros?
   ○ _____ euros.

   a. Cientos
   b. Cien
   c. Ciento

4. ● ¿Qué te gusta?
   ○ Esta camiseta ____ y estos pantalones ____

   a. verdes - negras
   b. verde - negros
   c. verde - negra

5. 1548

   a. Un mil quinientos cuarenta y ocho
   b. Mil quinientos cuarenta y ocho
   c. Mil quinientos y cuarenta y ocho

6. Pedro ve la televisión y _____ con el ordenador muchas horas, ¿no?

   a. juego
   b. juegan
   c. juega

7. ● ¿Qué les pasa a Beatriz y a Marta?
   ○ _____ la cabeza.

   a. Le duelen
   b. Les duele
   c. Les duelen

8. Me he hecho daño en _____ mano.

   a. mi
   b. la
   c. el

9. ● ¿Vienes a mi casa?
   ○ _____

   a. No puedo, tengo que estudiar.
   b. No puedes, tienes que estudiar.
   c. No puede, tiene que estudiar.

10. ● ¿Qué tal a las seis?
    ○ _____

    a. Bien, gracias.
    b. Fenomenal.
    c. Son muchas.

11. ● ¿Practicas algún deporte?
    ○ Sí, _____ natación.

    a. juego
    b. entreno
    c. hago

12. ● ¿Cuándo vas a la piscina?
    ○ Tres veces _____

    a. semana.
    b. de la semana.
    c. a la semana.

13. ● ¡Hola!, ¿qué os pongo?
    ○ Yo _____ un agua con gas.

    a. pongo
    b. quiero
    c. tengo

14. ● Queremos una botella de agua y tres _____ de galletas.

    a. paquetes
    b. latas
    c. botes

15. En mi ciudad _____ en invierno.

    a. hace mucho frío
    b. es mucho frío
    c. tiene frío

16. Belice es _____

    a. país más pequeño de América
    b. el pequeño país de América
    c. el país más pequeño de América

17. Es una ciudad ____ hay muchos monumentos.

    a. en la que
    b. en
    c. la que

18. ● ¿Dónde están las botas?
    ○ _____

    a. Las he puesto en la tienda.
    b. He puesto en la tienda.
    c. He puesto en la tienda las botas.

19. ● ¿Cómo vas?
    ○ Voy a Madrid _____ coche.

    a. en
    b. a
    c. de

20. Marisa va a París _____ lunes.

    a. en
    b. el
    c. al

C de cultura

12 **Responde a estas preguntas.** Beantworte die Fragen. Du kannst auch im Lehrbuch oder in deinen Notizen nachsehen.

1. ¿De quién es el cuadro *Las Meninas*?

2. ¿Puedes escribir tres tipos de música latina o española?

3. ¿Por qué la Amazonia está en peligro? ¿Recuerdas tres causas?

4. ¿Recuerdas en qué país está la ciudad más al sur del mundo?

5. ¿Qué provincia (y ciudad) española tiene nombre de animal?

Tu agenda de español

A Zähle die Punktzahlen zusammen, die dir deine Lehrerin/dein Lehrer bei den Wiederholungsübungen gegeben hat (zwischen 0 und 100) und schreibe sie in deine Spanischagenda.

B Wir haben nun das ganze Buch bearbeitet. Blättere ein bisschen durch die Lektionen und schreibe in dein Heft:

drei Wörter, die du gern magst,
drei Wörter, bei denen dir die Aussprache schwerfällt,
drei Grammatikregeln, die du dir nicht so gut einprägen kannst,
eine Übung, die dir viel Spaß ge- macht hat.

C Was meinst du, wo hast du dich verbessert?

In der Aussprache?
In der Grammatik?
Kannst du dich an viele Wörter erinnern?
Fällt dir das Schreiben schwer?
Verstehst du die Texte, die du liest?
Sprichst du viel Spanisch im Unterricht? Mit den Klassenkameradinnen und –kamera- den? Mit der Lehrerin/dem Lehrer?

D Wie kannst du außerhalb der Schule noch besser werden? Unten stehen drei Ideen. Überlege dir, welche Möglichkeiten es noch gibt, diskutiert in der Klasse und mit der Lehrerin/dem Lehrer.

Spanische Lieder hören
Im spanischsprachigen Internet surfen
Spanischsprachige Brieffreundinnen und –freunde finden
…

Muy bien

Bien

No muy bien

Mal

La gran chuleta de gramática

La **gran chuleta** de **gramática**

DAS ALPHABET

A	**a**	**a**lem**á**n
B	**be**	**B**arcelona
C	**ce**	**c**asa, **c**ero
D	**de**	**d**ecir
E	**e**	**e**scribir
F	**efe**	**f**oto
G	**ge**	**g**ato, Ar**g**entina
H	**hache**	**h**ola
I	**i**	**I**nglaterra
J	**jota**	gara**j**e
K	**ca**	**k**ilómetro
L	**ele**	**L**atinoamérica
M	**eme**	**m**adre
N	**ene**	**n**ombre
Ñ	**eñe**	Espa**ñ**a
O	**o**	herman**o**
P	**pe**	**p**alabra
Q	**cu**	**q**uince
R	**erre**	profeso**r**a, pe**rr**o
S	**ese**	famo**s**o
T	**te**	**t**ener
U	**u**	n**ú**mero
V	**uve**	**v**einte
W	**uve doble**	**k**iwi
X	**equis**	ta**x**i
Y	**i griega**	pla**y**a, **y**o
Z	**ceta**	**p**izarra

 Die Buchstaben sind auf Spanisch feminin:

la be
la equis
la ele

DIE AUSSPRACHE

B - V

Das **b** und das **v** werden beide wie das deutsche **b** in „Baum" ausgesprochen: z. B. **b**urro, **v**ivir

C - QU

Das **qu** wird vor **e/i** wie das deutsche **k** in „Käse" ausgesprochen: z.B. **qu**eso, es**qu**is

Auch das **c** wird vor **a/o/u** wie das deutsche **k** in „Käse" ausgesprochen: z.B. **c**asa, **c**osa, **C**uba

C - Z

Das **c** wird vor **e/i** wie das englische **th** ausgesprochen: z.B. on**c**e, domi**c**ilio

Auch das **z** wird vor **a/e/i/o/u** wie das englische **th** ausgesprochen:
z.B. pi**z**arra, **z**eta, **z**ig**z**ag, **z**oo, **z**umo

G – J

Das **g** wird vor **e/i** wie das **ch** in „lachen" ausgesprochen: z.B. ar**g**entino, ele**g**ir

Auch das **j** wird vor **a/e/i/o/u** wie das **ch** in „lachen" ausgesprochen:
z.B. **j**amón, **j**efe, **j**irafa, **j**oven, **j**uego

G - GU

Das **g** wird vor **a/o/u** wie das deutsche **g** in „Gustav" ausgesprochen: ju**g**ar, Bo**g**otá, **g**ustar

Auch das **g** wird vor **ue/ui** wie das deutsche **g** in „Gustav" ausgesprochen: portu**gu**és, **gu**itarra

H

Das **h** wird gar nicht ausgesprochen: **h**ola

R

Das **r** wird zwischen zwei Vokalen weich als gerolltes Zungen-R ausgesprochen: cultu**r**a.
Wenn es am Wortanfang steht oder als doppelter Konsonant, wird es hart als doppelt gerolltes Zungen-R ausgesprochen: **R**oma, pe**rr**o

La gran chuleta de gramática

DIE BETONUNG DER SILBEN UND DIE AKZENTE

 Im Spanischen wird jedes Wort auf einer Silbe betont, die an verschiedener Stelle stehen kann.

PALABRAS ESDRÚJULAS …■□□

Auf der drittletzten Silbe betonte Wörter
Química, te**lé**fono

PALABRAS LLANAS …■□

Auf der vorletzten Silbe betonte Wörter
casa, **le**tra

PALABRAS AGUDAS …■

Auf der letzten Silbe betonte Wörter
ha**blar**, pa**pá**

 Die meisten Wörter werden auf der vorletzten Silbe betont.

 Manche Wörter tragen einen Akzent, andere wiederum nicht.

PALABRAS ESDRÚJULAS

Auf der drittletzten Silbe betonte Wörter werden immer mit Akzent geschrieben:
Mate**má**ticas, **Mé**xico, infor**má**tica

PALABRAS LLANAS

Auf der vorletzten Silbe betonte Wörter werden mit Akzent geschrieben, wenn sie nicht auf einen Vokal, **n** oder **s** enden: **ár**bol, ca**rác**ter

PALABRAS AGUDAS

Auf der letzten Silbe betonte Wörter werden mit Akzent geschrieben, wenn sie auf einen Vokal, **n** oder **s** enden: ma**má**, mi**llón**, Pa**rís**

DIE ARTIKEL

UNBESTIMMTE ARTIKEL

un bolígrafo   **una** camiseta
unos helados   **unas** tiendas

BESTIMMTE ARTIKEL

el bolígrafo   **la** camiseta
los helados   **las** tiendas

Tengo **una camiseta** blanca.
(Ich weiß, welches T-Shirt gemeint ist, aber mein Gesprächspartner nicht)
¿Dónde está **la camiseta** blanca?
(Gemeint ist ein ganz bestimmtes T-Shirt)
Me gustan **las camisetas** blancas.
(Gemeint sind generell alle weißen T-Shirts)
Mira. En esta tienda hay **camisetas**.
(Gemeint ist eine Art Kleidungsstück)
En esta tienda hay **unas camisetas** muy bonitas.
(Ich weiß, welche T-Shirts es dort gibt, aber mein Gesprächspartner nicht)

 de + el = **del**
a + el = **al**

Estoy en el comedor **del** colegio.
Voy **al** cine.

DIE NOMEN: GENUS UND NUMERUS

 Im Spanischen gibt es maskuline und feminine Nomen:

MASKULIN	FEMININ
el chico	la chica
el colegio	la clase

Genus und Numerus beeinflussen die Wörter, die bei dem Nomen stehen: Artikel, Demonstrativpronomen und Adjektive.

Es **un** lugar bonit**o**.
Tiene **una** niñ**a** muy guap**a**.
Estos libro**s** son muy interesant**es**.
Estas libreta**s** roj**as** son de Kike.

 Das Genus erkennt man am Artikel oder an der Endung.

MASKULIN

Im allgemeinen Wörter, die auf **-o**, **-aje**, **-or** enden:
ciel**o**, ole**aje**, comed**or**

FEMININ

Im allgemeinen Wörter, die auf **-a**, **-ción**, **-sión**, **-dad** enden: mes**a**, can**ción**, diver**sión**, solidari**dad**

Pluralbildung:

-VOKAL + -S
Wenn ein Nomen auf Vokal endet, setzen wir ein **-s** dazu: lengua - lengua**s**

-KONSONANT + -ES
Wenn ein Nomen auf Konsonant endet, setzen wir **-es** dazu: profesor - profesor**es**

DIE DEMONSTRATIVPRONOMEN

 Die Demonstrativpronomen dienen der Identifikation:

SINGULAR	PLURAL
este	**estos**
esta	**estas**

Este ejercicio es un poco difícil.
¿Te gusta **ésta**?
Estos son mis padres.
¿Quiénes son **estas** chicas?

 *Wenn wir uns auf etwas Unbestimmtes beziehen, verwenden wir **esto:***

● ¿Qué es **esto**?
○ ¿**Esto**? Un regalo para ti.

Esto es para ti

DIE POSSESSIVPRONOMEN

 Die Possessivpronomen richten sich in Genus und Numerus nach dem folgenden Nomen, d.h. nach dem Nomen, das das Besitztum bezeichnet, nicht nach dem Besitzer.

SINGULAR
mi casa
tu hermano
su madre

nuestro hijo	**nuestra** hija
vuestro profesor	**vuestra** profesora
su abuelo	**su** abuela

PLURAL
mis casas
tus hermanos
sus madres

nuestros hijos	**nuestras** hijas
vuestros profesores	**vuestras** profesoras
sus abuelos	**sus** abuelas

¿Esta es **tu** mochila?
¿**Vuestro** colegio es muy grande?

 su madre   =   de Fernando
de María
de usted

sus padres   =   de Fernando
de María
de ustedes

DIE ADJEKTIVE

 Einige Adjektive haben vier Endungen:

american**o**	american**a**	american**os**	american**as**
roj**o**	roj**a**	roj**os**	roj**as**

 Adjektive, die mit **-e** oder mit einem Konsonanten enden, haben die gleiche Form im Maskulinum und im Femininum:

un gorro **verde**	una camiseta **verde**
unos gorros **verdes**	unas camisetas **verdes**

un chico **formal**	una chica **formal**
unos chicos **formales**	unas chicas **formales**

Die Adjektive, die mit einem Konsonanten enden, bekommen im Plural ein **-es**.

gris	gris**es**
ágil	ágil**es**

Die Adjektive mit der Endung -ista haben die gleiche Form im Maskulinum und im Femininum:

un hombre optim**ista**	una mujer optim**ista**

 Die meisten Adjektive, die mit einem Konsonanten enden und eine Nationalität oder einen Beruf bezeichnen, bekommen im Femininum ein **-a**.

francés	frances**a**
alemán	aleman**a**

ADVERBIEN DER ABSTUFUNG

Soy **demasiado** responsable.
Soy **muy** responsable.
Soy **bastante** responsable.
Soy **un poco** irresponsable
No soy **nada** responsable.

 Un poco wird nur bei negativen Adjektiven verwendet.

DER SUPERLATIV

Belice es **el** país **más** pequeño **de** América.
El Everest es **la** montaña **más** alta **del** mundo.

Nacho es el menor

Andrés es el mayor

DIE PERSONALPRONOMEN

DIE SUBJEKTPRONOMEN

Das sind die Subjektpronomen:

yo	
tú	**usted**
él	**ella**
nosotros	**nosotras**
vosotros	**vosotras** ** ustedes**
ellos	**ellas**

Im Spanischen erkennt man die Person an der Endung des Verbs. Deshalb wird das Subjekt-pronomen meistens weggelassen:

Habl**o** español e italiano. (**-o** = yo)
Estudi**amos** español. (**-amos** = nosotros)

In einigen Fällen jedoch ist das Personalpronomen notwendig, zum Beispiel, wenn man zwei Subjekte kontrastieren möchte:

● **Yo** soy italiana, ¿y **tú**?
○ **Yo**, rumano.

Yo me llamo Laura y **ella**, Emilia.

Oder in der Antwort, wenn man nach jemandem fragt:

● ¿El señor González, por favor?
○ Soy **yo**.

TÚ/USTED

Um jemanden formell anzusprechen, verwendet man **usted/ustedes** mit dem Verb in der 3. Person, so wie bei **el/ella** und **ellos/ellas.**

Als Jugendlicher solltest du alle Erwachsenen, die du nicht kennst, mit **usted** und **ustedes** ansprechen (z.B. einen Kellner, einen Polizisten, jemanden auf der Straße). In den spanischen Schulen sprechen die Schülerinnen und Schüler die Lehrerinnen und Lehrer üblicherweise mit **tú** oder **vosotros** an.

 *In den meisten lateinamerikanischen Ländern wird **vosotros** gar nicht verwendet, sondern nur die Form **ustedes**.*

PRONOMEN MIT PRÄPOSITION

Mit den Präpositionen (**para, de, a , sin, …**) werden die Subjektpronomen mit Ausnahme der 1. und 2. Person verwendet:

para	**mí**
	ti/usted
	él/ella
	nosotros/nosotras
	vosotros/vosotras/ustedes
	ellos/ellas

¿Este paquete es **para mí** o **para ti**?

Eine Ausnahme bildet die Präposition **con:**

conmigo
contigo/con usted
con él/ella
con nosotros/nosotras
con vosotros/vosotras/ustedes
con ellos/ellas

¿Vienes al cine **conmigo**?
Me gusta estar **contigo**.
Normalmente juego al tenis **con ella**.

DIE PRONOMEN ALS DIREKTES OBJEKT (AKKUSATIVOBJEKT)

 Das direkte Objekt ist der Gegenstand oder die Person, auf die sich das Verb direkt bezieht. Wie in vielen Sprachen wird der Gegenstand oder die Person bei Eindeutigkeit durch ein Pronomen ersetzt:

me	
te	
lo	**la**
nos	
os	
los	**las**

● ¿Y <u>el chocolate</u>?
○ **Lo** he puesto en la mochila.

 Wenn das direkte Objekt das Hauptthema des Satzes ist, so setzen wir es an den Satzanfang und das entsprechende Pronomen dazu:

El chocolate **lo** he puesto en la mochila.

VERBEN MIT PRONOMEN

 Die reflexiven Verben haben immer ein Pronomen bei sich: **llamarse**, **quedarse**.

me
te
se
nos
os
se

¿**Te** quedas en casa o vienes?
Mi profesor **se** llama Carlos García.

 Einige Verben, wie **gustar, encantar, interesar** oder **doler,** kommen immer mit Pronomen vor:

me
te
le
nos
os
le

¿**Te** gusta jugar al ajedrez?
¿**Le** duele la cabeza a tu hermana?

VORHANDEN SEIN: „HAY"

SINGULAR

En nuestro cole **hay** comedor.
En nuestro cole **no hay** comedor.

PLURAL

Hay diez aulas.
No hay muchos alumnos.

DIE PRÄPOSITIONEN

A

ir a Sevilla/México…
a las tres de la tarde

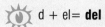 a + el= **al**

Voy **al** campo.
Voy **a la** playa.

CON

ir/estar/vivir… **con** David

DE

venir **de** Roma
la mochila **de** Roberto
una mochila **de** plástico
las diez **de** la mañana

d + el= **del**

Vengo **del** comedor.
Vengo **de la** playa.

EN

en verano/Navidad…
ir **en** coche/tren/avión…
quedarse **en** casa / la ciudad…
estar **en** casa/Alemania…

PARA

un libro **para** Pamela

POR

viajar **por** España
pasar **por** Madrid

Este verano nos quedamos en casa

La gran chuleta de gramática

DIE ZAHLEN

1	**uno**
2	**dos**
3	**tres**
4	**cuatro**
5	**cinco**
6	**seis**
7	**siete**
8	**ocho**
9	**nueve**
10	**diez**
11	**once**
12	**doce**
13	**trece**
14	**catorce**
15	**quince**
16	**dieciséis**
17	**diecisiete**
18	**dieciocho**
19	**diecinueve**
20	**veinte**
30	**treinta**
40	**cuarenta**
50	**cincuenta**
60	**sesenta**
70	**setenta**
80	**ochenta**
90	**noventa**
100	**cien**
200	**doscientos/as**
300	**trescientos/as**
400	**cuatrocientos/as**
500	**quinientos/as**
600	**seiscientos/as**
700	**setecientos/as**
800	**ochocientos/as**
900	**novecientos/as**
101	**ciento** un/uno/una
102	**ciento** dos
110	**ciento** diez
120	**ciento** veinte
1000	**mil**
2000	dos **mil**
10 000	diez **mil**
100 000	cien **mil**
200 000	doscientos/as **mil**
1 000 000	un **millón**
10 000 000	diez **millones**

15 714 359: quince **millones** setecientos catorce
mil trescientos cincuenta y nueve

MENGENANGABEN

Hago
- **un poco de**
- **bastante**
- **mucho**
- **demasiado**

deporte.

Nunca hago deporte.
No hago **nunca** deporte.

> Mi hermano hace mucho deporte

→ **Bastante, mucho** und **demasiado** richten sich wie die Adjektive in Genus und Numerus nach dem Substantiv.

much**o** demasiad**o**	ruido	much**os** demasiad**os**	estudiantes
much**a** demasiad**a**	gente	much**as** demasiad**as**	mesas

→ **Nada, bastante, mucho, muy** und **demasiado** verändern sich nicht, wenn sie ein Adjektiv oder Verb begleiten, also Adverb sind.

MIT VERB

Ana **no** estudia **nada**.
Ana estudia **bastante**.
Ana estudia **mucho**.
Ana estudia **demasiado**.

MIT ADJEKTIV

No son **nada** inteligentes.
Son **bastante** inteligentes.
Son **muy** inteligentes.
Son **demasiado** inteligentes.

→ Um ungefähre Angaben zu machen:

Unos cinco euros.
Unas tres hora al día.

Tres horas, **aproximadamente**.

Dos **o** tres horas.

La gran chuleta de gramática

ORTSANGABEN

aquí
allí
a tu lado
a mi lado
arriba
abajo
a la derecha
a la izquierda

¿Dónde está?

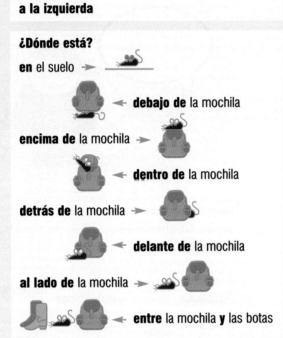

en el suelo

debajo de la mochila

encima de la mochila

dentro de la mochila

detrás de la mochila

delante de la mochila

al lado de la mochila

entre la mochila **y** las botas

ZEITANGABEN

ayer
hoy
mañana
pasado mañana

marzo
1 2 3 4 5 6 7
8 9 10 11 12 13 14
15 16 17 18 19 20 21
22 23 24 25 26 27 28
29 30 31

Im Spanischen steht keine Präposition vor den Tagen:

El lunes, los domingos, el día 24

Um uns auf die Vergangenheit und die Zukunft zu beziehen:

Este verano/otoño...
Estas vacaciones/Navidad...
El lunes/domingo...
El día 10/14...
En agosto/Pascua...

Estas vacaciones he estado en Guatemala.
El lunes voy a Madrid.

 Um über Wiederkehrendes zu sprechen:

Los lunes/martes/miércoles...
En Navidad/verano...

Los viernes voy a la piscina.

Um über Häufigkeit zu sprechen:

siempre
normalmente

una vez al día / al mes / al año / a la semana
dos **veces al día / al mes / al año / a la semana**

muchas veces
a veces
nunca

Voy de vacaciones a España **dos veces al año**.
Siempre voy al cine con mis padres.

Um eine zeitliche Folge anzugeben:

antes del colegio   **después de** las clases

antes de las seis   **después de** las seis

Hoy, después de las clases, vamos a una fiesta

DIE UNPERSÖNLICHE FORM MIT „SE"

En México **se** habla español.
En Latinoamérica **se** come mucha fruta.
En Colombia **se** produce mucho café.
En España **se** hablan 4 lenguas.

La gran chuleta de gramática

DIE FRAGEPRONOMEN

- **¿Quién** es este chico de la foto?
- ○ Javi, mi hermano pequeño.

- **¿Dónde** están los servicios?
- ○ Al fondo a la derecha.

- **¿Adónde** vas a ir el domingo?
- ○ A casa de mis abuelos.

- **¿De dónde** es Bernard?
- ○ De París.

- **¿Con quién** están hoy los niños?
- ○ Con María José.

- **¿Cómo** vas a ir a Grecia? ¿En avión?
- ○ No, en barco.

- **¿Cuándo** tienes vacaciones?
- ○ En agosto. ¿Y tú?

- **¿Cuánto** cuesta este jersey?
- ○ Treinta euros.

- **¿Cuánta** pasta has comprado?
- ○ Dos kilos.

- **¿Cuántos** años tiene Lara?
- ○ Catorce.

- **¿Cuántas** galletas quieres?
- ○ Solo una.

- **¿Por qué** no vas al colegio?
- ○ Porque estoy enfermo.

- **¿Qué** te gusta hacer los domingos?
- ○ Ir al cine.

- **¿Cuál** te gusta más? ¿Este o este?
- ○ El azul.

- **¿Cuáles** te gustan? ¿Los rojos o los grises?
- ○ Los rojos.

Y, PERO, NO... NI...

→ Um Elemente oder Sätze zu verbinden:

Hago karate **y** surf.
Víctor es español **y** Pamela es mexicana.

→ Um zwei Negationen zu verbinden:

No hago karate **ni** surf.

→ Um zwei sich widersprechende Elemente zu verbinden:

Quiero ir al cine **pero** tengo muchos deberes.

SÍ/NO, TAMBIÉN/TAMPOCO

sí	▸▸	**también**
no	▸▸	**tampoco**

Laura habla inglés **y también** un poco de francés.

- Yo hablo inglés.
- ○ Yo **también**.

Yo **no** hablo inglés **y tampoco** italiano.

- Yo **no** hablo italiano.
- ○ Yo **tampoco**.

DIE RELATIVSÄTZE

Es un país.
Tiene muchas montañas.

Es un país **que** tiene muchas montañas.

Es un país **en el que** se habla francés.
Es un país **donde** se habla francés.

Es una región **en la que** se cultiva café.
Es una región **donde** se cultiva café.

¿Cuál te gusta más? ¿Esta o esta?

No sé...

DIE VERBEN

Im Spanischen gibt es drei Verbkonjugationen:

INFINITIV AUF -AR

estudi**ar**
trabaj**ar**
orden**ar**

INFINITIV AUF -ER

beb**er**
le**er**
corr**er**

INFINITIV AUF -IR

escrib**ir**
viv**ir**
traduc**ir**

EINIGE VERWENDUNGEN:

Das Präsens verwenden wir, um über Aktivitäten in der Gegenwart oder regelmäßige Aktivitäten zu sprechen:

Vivo en Alemania.
Los lunes **voy** a la piscina.

Für zukünftige Aktivitäten können wir verschiedene Verbformen einsetzen:

IR + A + INFINITIV

Este verano **voy a viajar** por Alemania.
Mañana **voy a salir** con Laura.

DAS PRÄSENS

Mañana **voy** a París.
Este verano **me quedo** en casa.

DAS PERFEKT (PRETÉRITO PERFECTO)

Um über Vergangenes zu berichten, gibt es im Spanischen verschiedene Verbformen. Bisher haben wir nur das Perfekt gelernt, welches sich auf Vorgänge bezieht, die eine sehr starke Verbindung zur Gegenwart haben oder auch auf Vorgänge, bei denen es unwichtig ist, wann genau sie sich zugetragen haben (In *Gente joven 2* werden wir weitere Vergangenheitsformen kennen lernen).

HABER + PARTIZIP

(yo)	**he**	
(tú)	**has**	
(él, ella, usted)	**ha**	
(nosotros, nosotras)	**hemos**	+ estudiado
(vosotros, vosotras)	**habéis**	
(ellos, ellas, ustedes)	**han**	

Das Partizip wird so gebildet:

VERBEN AUF -AR	VERBEN AUF -ER/-IR	
-ADO	**-IDO**	
estudiar	leer	salir
estudi**ado**	le**ído**	sal**ido**

Einige Partizipien sind unregelmäßig, unter anderem:

abrir	**abierto**
hacer	**hecho**
decir	**dicho**
poner	**puesto**
escribir	**escrito**
ver	**visto**
volver	**vuelto**

Das Partizip verändert sich nicht, hat weder Genus noch Numerus. Dem Hilfsverb folgt direkt das Partizip, es darf nichts dazwischen gestellt werden.

No he ~~todavía desayunado~~.

VERPFLICHTUNG

Um Verpflichtung auszudrücken, können wir zwei Formen einsetzen:

PERSÖNLICH:

Tener que + Infinitivo

UNPERSÖNLICH:

Hay que + Infinitivo

Tengo que estudiar.
Para tener buenas notas **hay que** estudiar.

DIE REGELMÄßIGEN VERBEN

1. KONJUGATION: -AR

PRÄSENS

(yo)	orden**o**
(tú)	orden**as**
(él, ella, usted)	orden**a**
(nosotros, nosotras)	orden**amos**
(vosotros, vosotras)	orden**áis**
(ellos, ellas, ustedes)	orden**an**

Verben wie:

anotar, ayudar, bailar, buscar, celebrar, chatear,
comparar, comprar, completar, contestar, copiar,
deletrear, dibujar, escuchar, estudiar, expresar, grabar,
hablar, llegar, mejorar, mirar, necesitar, practicar,
preparar, pronunciar, regalar, trabajar, visitar

PERFEKT

(yo)	he	orden**ado**
(tú)	has	orden**ado**
(él, ella, usted)	ha	orden**ado**
(nosotros, nosotras)	hemos	orden**ado**
(vosotros, vosotras)	habéis	orden**ado**
(ellos, ellas, ustedes)	han	orden**ado**

2. KONJUGATION: -ER

PRÄSENS

(yo)	beb**o**
(tú)	beb**es**
(él, ella, usted)	beb**e**
(nosotros, nosotras)	beb**emos**
(vosotros, vosotras)	beb**éis**
(ellos, ellas, ustedes)	beb**en**

Verben wie:

creer, comer, comprender, corresponder, leer

PERFEKT

(yo)	he	beb**ido**
(tú)	has	beb**ido**
(él, ella, usted)	ha	beb**ido**
(nosotros, nosotras)	hemos	beb**ido**
(vosotros, vosotras)	habéis	beb**ido**
(ellos, ellas, ustedes)	han	beb**ido**

3. KONJUGATION: -IR

PRÄSENS

(yo)	viv**o**
(tú)	viv**es**
(él, ella, usted)	viv**e**
(nosotros, nosotras)	viv**imos**
(vosotros, vosotras)	viv**ís**
(ellos, ellas, ustedes)	viv**en**

Verben wie:

añadir, decidir, descubrir, discutir, escribir, recibir, vivir

PERFEKT

(yo)	he	viv**ido**
(tú)	has	viv**ido**
(él, ella, usted)	ha	viv**ido**
(nosotros, nosotras)	hemos	viv**ido**
(vosotros, vosotras)	habéis	viv**ido**
(ellos, ellas, ustedes)	han	viv**ido**

La gran chuleta de gramática

DIE UNREGELMÄßIGEN VERBEN

INFINITIV	PRÄSENS	PARTIZIP	INFINITIV	PRÄSENS	PARTIZIP	INFINITIV	PRÄSENS	PARTIZIP
conocer	conozco	conocido	**jugar**	juego	jugado	**saber**	sé	sabido
	conoces			juegas			sabes	
	conoce			juega			sabe	
	conocemos			jugamos			sabemos	
	conocéis			jugáis			sabéis	
	conocen			juegan			saben	
dar	doy	dado	**oír**	oigo	oído	**salir**	salgo	salido
	das			oyes			sales	
	da			oye			sale	
	damos			oímos			salimos	
	dais			oís			salís	
	dan			oyen			salen	
decir	digo	dicho	**pensar**	pienso	pensado	**ser**	soy	sido
	dices			piensas			eres	
	dice			piensa			es	
	decimos			pensamos			somos	
	decís			pensáis			sois	
	dicen			piensan			son	
dormir	duermo	dormido	**preferir**	prefiero	preferido	**tener**	tengo	tenido
	duermes			prefieres			tienes	
	duerme			prefiere			tiene	
	dormimos			preferimos			tenemos	
	dormís			preferís			tenéis	
	duermen			prefieren			tienen	
estar	estoy	estado	**poder**	puedo	podido	**traer**	traigo	traído
	estás			puedes			traes	
	está			puede			trae	
	estamos			podemos			traemos	
	estáis			podéis			traéis	
	están			pueden			traen	
hacer	hago	hecho	**poner**	pongo	puesto	**venir**	vengo	venido
	haces			pones			vienes	
	hace			pone			viene	
	hacemos			ponemos			venimos	
	hacéis			ponéis			venís	
	hacen			ponen			vienen	
ir	voy	ido	**querer**	quiero	querido	**ver**	veo	visto
	vas			quieres			ves	
	va			quiere			ve	
	vamos			queremos			vemos	
	vais			queréis			veis	
	van			quieren			ven	

La **gran chuleta** de **gramática**

REDEMITTEL

JEMANDEN BEGRÜßEN UND SICH VERABSCHIEDEN

¡Hola!
Buenos días.
Buenas tardes.
Buenas noches.

¡Adiós!
¡Buen fin de semana!
Hasta luego.
Hasta mañana.
Hasta el viernes.

Chao, ¡hasta mañana!

¡Hasta mañana!

REDEMITTEL FÜR DEN UNTERRICHT

¿Cómo se escribe tu apellido?
¿Se escribe con uve/acento/hache…?
¿Cómo se escribe "zapato"?
¿"Nariz" **lleva acento**?
¿Cómo se dice *goodbye* **en español**?
¿Cómo se llama esto en español?
¿Qué significa "cuaderno"?
¿En qué página estamos?
¿En qué ejercicio estamos?
¿Cómo dices?
¿Puedes hablar más alto, por favor?
¿Puedes volverlo a explicar?
¿Puedes hablar más despacio, por favor?
¿Puedes escribirlo en la pizarra?

PERSÖNLICHE ANGABEN

NOMBRE: Pedro
APELLIDOS: Martínez Arroyo
LUGAR DE NACIMIENTO: Ronda (Málaga)
FECHA: 14-6-93
DOMICILIO: C/ Zurbano, 14, 28010 Madrid

● **¿Cómo te llamas?**
○ **(Me llamo)** Pedro.

● **¿Cómo te apellidas?**
○ Martínez Arroyo.

● **¿De dónde eres?**
○ Español, **de** Málaga.

● **¿Dónde vives?**
○ **En** Bilbao.

● **¿Cuántos años tienes?**
○ **(Tengo)** doce.

● **¿Cuándo es tu cumpleaños?**
○ **El** 5 **de** agosto.

PERSONEN IDENTIFIZIEREN

● **¿Quién es** Enrique?
○ **Es** un amigo. / **Es** el novio de mi hermana.

● **¿Quiénes son?**
○ **Son** unos amigos. / **Son** mis padres.

● **¿Eres** Jaime?
○ No, yo me llamo Ernesto.

● **¿Es usted** el señor Vázquez?
○ **Sí, soy yo.**

¿Quién es?

El novio de mi hermana

La **gran chuleta** de **gramática**

TELEFONNUMMERN UND E-MAIL-ADRESSEN

- **¿Cuál es tu número de teléfono?**
- ○ **(Es el)** 4859584.

- **¿Tienes móvil?**
- ○ **Sí, es el** 678843671.

- **¿Tienes correo electrónico?**
- ○ Sí.

- **¿Cuál es tu dirección de correo electrónico?**
- ○ Alicia@hotline.es

 @ *heißt* **arroba**.

DAS AUSSEHEN BESCHREIBEN

¿Cómo es?

Tiene el pelo muy largo.
Tiene el pelo rubio.
Tiene el pelo rizado.
Tiene los ojos marrones.
Tiene los ojos muy bonitos.

Es rubio/a.
Es bastante alto/a y moreno/a.

Es alto/a.
Es bajito/a.
Es delgado/a.
Es gordito/a.

Lleva gafas.
bigote.

Es muy guapo/a.
Es bastante guapo/a.
No es muy guapo/a.
Es un poco feo/a.

No es ni alto/a **ni** bajo/a.

 Die Verben **ser** *und* **estar** *werden beide im Deutschen mit „sein" übersetzt. Wichtig:* **estar** *drückt einen vorübergehenden Zustand aus:*

Juani **está** guapa hoy. (= Heute sieht sie gut aus.)
Roberto **está** muy moreno. (= Heute ist er braungebrannt.)

ÜBER DEN CHARAKTER SPRECHEN

Soy muy responsable y muy ordenado.
Laura **es** un poco despistada.
Tus padres **son** muy simpáticos.

UHRZEITEN UND TAGESZEITEN

- **¿Qué hora es?**
- ○ **Es la** una. / **Son las** dos.

 Son las 2 **y cuarto**.

 Son las 2 **y media**.

 Son las 2 **y diez**.

 Son las 2 **menos cuarto**.

 Son las 2 **menos cinco**.

- **¿A qué hora** tienes la clase?
- ○ **A las** once. / **A la** una.

DIE WOCHENTAGE

lunes	**viernes**
martes	**sábado**
miércoles	**domingo**
jueves	

- Hoy **es lunes**, ¿verdad?
- ○ No, hoy **es martes**.

- Mañana, ¿**qué día es**?
- ○ **Miércoles.**

- ¿Qué haces **los domingos**?
- ○ Juego al tenis.

 Die Wochentage sind maskulin:

- ¿Cuándo es la fiesta?
- ○ **El** sábado.

La **gran chuleta** de **gramática**

DIE JAHRESZEITEN

En Semana Santa vamos normalmente a la playa.
En verano hace mucho calor y a veces llueve.
En junio empiezan las vacaciones.

ÜBER VORLIEBEN UND GESCHMACK SPRECHEN

Me interesa mucho la historia.
Me gusta mucho la informática.

No me interesa el deporte.
No me gusta el fútbol.

No me interesa nada este libro.
No me gusta nada este coche.

- **¿Te gusta** el tenis?
  ¿Te gustan estos pantalones?
  ¿Os interesa la informática?
  ¿Os interesan los videojuegos?

○ **Sí, mucho.**
  No, no mucho.
  No, nada.

- **¿Os interesa** la informática?
○ **A mí sí.**
■ **A mí también.**

- **¿Os gusta** el fútbol?
○ **A mí no.**
■ **A mí tampoco.**

Mi asignatura **favorita es** el inglés.
Mi deporte **favorito es** el baloncesto.

No me gusta el campo, **prefiero** la playa.

- ¿Tú cuál **prefieres**? ¿Este o este?
○ **Este.**

¿WO...?

Perdona/e, ¿dónde están los servicios?
¿Los servicios, por favor?

Por allí. A la derecha.
Al fondo, a la izquierda.

UM ZU BEZAHLEN

- **¿Cuánto es?**
○ Trece euros.
- **Aquí tiene.**

NACH DEM PREIS FRAGEN

- **¿Cuánto cuesta** esta camiseta?
○ Veinticinco euros.

- **¿Cuánto cuestan** estos pantalones?
○ Treinta y cinco euros.

ETWAS BESTELLEN

¿Tienen bocadillos calientes?
Yo quiero una ración de patatas fritas.
Para mí una pizza de queso.
Un agua con gas, **por favor**.

ÜBER DAS BEFINDEN SPRECHEN

¿Qué te pasa?

Me duele la cabeza.
Me duelen las piernas.

Tengo dolor de cabeza/estómago...

Estoy resfriado/a.
Estoy mareado/a.
Estoy cansado/a.

No me encuentro (muy) bien.
Me he hecho daño en la mano / el pie...

Tengo (un poco de) sed/hambre/calor/frío.

¡Qué calor/frío!
¡Qué sed/hambre!
¡Qué daño!
¡Qué dolor (de cabeza/estómago...)!

 *Mit **estar** wird ein vorübergehender Zustand ausgedrückt.*

La **gran chuleta** de **gramática**

JEMANDEN EINLADEN/VORSCHLÄGE MACHEN

Si quieres, puedes venir a mi casa.

¿Quieres venir conmigo / con nosotros?

¿Por qué no vienes a mi casa / con nosotros?

¿Vamos de compras?

SICH VERABREDEN/EINE VERABREDUNG ANNEHMEN

● **¿A qué hora quedamos?**
○ A las cinco.

● **¿Dónde quedamos?**
○ ¿Quedamos en mi casa?

● **¿Qué tal a las** seis?
○ **Fenomenal**, a las seis estoy allí.
  Vale.
  Muy bien.

¿Quieres jugar con nosotros?

¡Vale!

EINEN VORSCHLAG ABLEHNEN

No puedo, tengo que estudiar.
No puedo, estoy resfriado.

DIE LAGE EINES LANDES BESCHREIBEN

España **está al norte de** Marruecos.
España **está al sur de** Francia.
España **está al este de** Portugal.
España **está al oeste de** Italia.

Suecia **está en el norte** de Europa.
España **está en el sur** de Europa.

 *Um die Lage auszudrücken, wird im Spanischen **estar** verwendet.*

EIN LAND BESCHREIBEN

Nicaragua **tiene** cinco millones **de habitantes**.
Tiene 140 000 km².
Tiene un clima tropical/continental/mediterráneo.
España **tiene** montañas muy altas.

ÜBER DAS WETTER UND DAS KLIMA SPRECHEN

En verano, en España **hace bastante calor**.
Aquí hoy **hace muy buen tiempo**.
En mi país en invierno **hace mal tiempo**.
En el norte de España **llueve mucho**, ¿verdad?
Hace mucho frío, ¿no?
No vamos a esquiar. **Hace viento**.
En los Pirineos **nieva**.

Mapas culturales

1. Für **Galicia** (die autonome Region Galicien im Nordwesten) sind Fischfang und Meeresfrüchte von großer Bedeutung.

2. Der Legende nach liegt der Apostel Jakob (auf Spanisch **Santiago**) in Santiago de Compostela begraben. Deshalb gehen jedes Jahr viele Pilger den traditionellen Pilgerweg **Camino de Santiago**.

3. Die Kathedrale von Santiago de Compostela ist eine der beeindruckendsten religiösen Bauwerke Spaniens.

4. **Sidra** ist ein gegorener Apfelmost, der für Asturien typisch ist.

5. Für die Küste Kantabriens ist der Fischfang von großer Bedeutung.

6. In San Sebastián befindet sich eine großartige Skulptur des baskischen Bildhauers Eduardo Chillida, **El peine de los vientos** (Kamm der Winde).

7. Picassos Gemälde **Guernica** erinnert an den Angriff der nationalsozialistischen Luftwaffe auf die baskische Zivilbevölkerung des gleichnamigen Städtchens.

8. Die Kathedrale von León ist ein Meisterwerk der spanischen Gotik.

9. San Fermín ist eines der bekanntesten Volksfeste Spaniens. Bei den berüchtigten **encierros** (von „encerrar", was „einsperren" bedeutet) laufen besonders Wagemutige vor den jungen Stieren durch die Straßen Pamplonas.

10. In den Pyrenäen befinden sich viele bekannte Skigebiete.

11. Eine der interessantesten romanischen Kirchen in den Pyrenäen ist Sant Climent in Taüll.

12. Der Katalane Salvador Dalí ist der bedeutendste Repräsentant des Surrealismus in der Malerei.

13. Die Kirche **Sagrada Familia** (Heilige Familie) wurde von dem modernistischen Architekten Antoni Gaudí erbaut und ist eines der Wahrzeichen Barcelonas.

14. Zu den spektakulärsten katalanischen Traditionen gehören die **castillos humanos**: Turner stellen sich im Kreis so aufeinander, dass dadurch ein mehrstöckiger Turm entsteht. Ganz oben bilden Kinder die Turmspitze. Jede Gemeinde hat ihren eigenen Verein.

15. Das **anfiteatro romano** (römisches Amphitheater) in Tarragona ist eines der am besten erhaltenen in Spanien.

16. Die Basilika **Nuestra Señora del Pilar** ist das Wahrzeichen von Zaragoza.

17. In der Region La Rioja werden einige der weltbesten Weine erzeugt.

18. Die Burg **Castillo de la Mota** stammt aus dem 13. Jhd. und ist eine der bedeutendsten Festungen Spaniens.

19. Die **tuna** ist eine Tradition, die an den spanischen Universitäten seit dem 14. Jhd. gepflegt wird: Die Studenten ziehen singend und spielend in ihrer alten Tracht in kleinen Gruppen durch das Land.

20. Der Stier ist eines der großen nationalen Symbole Spaniens.

21. In den Ebenen von Castilla y León wird eine Vielfalt von Hülsenfrüchten und Getreide angebaut.

22. Das Stadttor **Puerta de Alcalá** wurde 1778 von Sabatini erbaut und gehört zu den bekanntesten Denkmälern Madrids.

23. Das **Museo del Prado** in Madrid umfasst eine bedeutende Gemäldesammlung sowie Velázquez' berühmtes Gemälde **Las Meninas** (die Edelfräulein).

24. In Mérida sind viele Überreste aus der Römerzeit zu besichtigen, unter anderem ein römisches Theater.

25. In der Region Guijelo (Salamanca) werden ausgezeichnete Schinken und Wurstwaren hergestellt.

26. Der Landstrich La Mancha ist für seine zahlreichen Windmühlen berühmt. Hier spielt Miguel de Cervantes' großer Roman über „Don Quijote de la Mancha".

27. Der **manchego** gehört zu den beliebtesten Käsesorten der Halbinsel.

28. Die Apfelsinen aus Valencia sind in der ganzen Welt berühmt.

29. Die **paella** ist ein typisches Reisgericht aus Valencia.

30. Benidorm ist eines der wichtigsten touristischen Reiseziele in Spanien.

31. In Extremadura und Andalusien wird eine besondere Schweinerasse gezüchtet, das **cerdo ibérico**, auch als **pata negra** (schwarze Hachse) bekannt.

32. Wahrzeichen von Sevilla ist der Turm **Torre del Oro**, der im 13. Jhd. erbaut wurde.

33. **La fiesta de los toros** oder **corrida de toros** (Stierkampf) ist sicherlich die bekannteste Tradition Spaniens.

34. Die Region von Jaén ist für ihre Oliven und Olivenhaine berühmt.

35. Die Region Murcia ist der Obst- und Gemüsegarten Spaniens.

36. Der **Jerez** (Sherry) ist ein trockener spanischer Weißwein.

37. Die **Alhambra** von Granada gehört zu den am besten erhaltenen maurischen Bauwerken der Welt.

38. Die **Costa del Sol** ist eines der beliebtesten Urlaubsziele in Spanien.

39. In der Osterwoche (auf Spanisch **Semana Santa**) finden im ganzen Land Prozessionen statt, die beeindruckendsten davon in Andalusien.

40. In Menorca wird ein typischer Wachholderbranntwein hergestellt, der auf Spanisch **ginebra** heißt.

41. Auf Mallorca und auf Menorca sind noch zahlreiche Überreste aus der Steinzeit zu sehen.

42. Auf Ibiza tragen die Frauen teilweise noch die typischen Trachten der Insel.

43. Die Kanarischen Inseln beeindrucken durch ihre zahlreichen Palmen.

44. Auf La Gomera wurde aufgrund des eigenartigen Felsreliefs eine besondere Art der Kommunikation durch Pfeiftöne (auf Spanisch **silbidos**) entwickelt.

45. Der höchste Berg Spaniens ist der **Teide** auf Tenerife.

46. Die Kanarischen Inseln sind für ihre ausgezeichneten Bananen, **los plátanos canarios**, bekannt.

47. Das spektakuläre Auditorium in Santa Cruz de Tenerife wurde von Santiago Calatrava erbaut und ist zu einem der Wahrzeichen der Insel geworden.

48. Auf Fuerteventura werden Kamele gezüchtet.

49. Die Kanarischen Inseln sind eines der wichtigsten touristischen Reiseziele des Landes.

Mapa de Latinoamérica

1. Die **gauchos** der argentinischen Pampa sind mit den nordamerikanischen Cowboys vergleichbar: Sie widmen sich der Viehzucht und sind als hervorragende Reiter bekannt.

2. Bariloche liegt in den Anden und ist die Hauptstadt von Patagonien. Vor allem in der Skisaison ist sie ein wichtiges touristisches Reiseziel.

3. Das Stadtviertel **la Boca** ist mit seinen charakteristischen bunten Häusern eines der Symbole von Buenos Aires.

4. Der Tango ist die traditionelle Musik in Argentinien und Uruguay.

5. Die spektakulären Wasserfälle **Las cataratas de Iguazú** liegen zwischen Argentinien, Brasilien und Paraguay.

6. Chile ist ein wichtiges Land für den Weinanbau und die Winzerei.

7. Der Mate-Tee ist ein typisches argentinisches Getränk, welches aus einem ausgehölten Kürbis mit einem silbernen Saugröhrchen getrunken wird.

8. Die Lamas leben in den Anden und in der Hochebene Boliviens.

9. Der Kondor gehört zu den größten Vögeln der Welt. Sein majestätischer Flug steht symbolisch für die Anden.

10. Die Kultur der Anden zeichnet sich unter anderem durch die typischen Webwaren aus.

11. Der Machu Picchu ist ein spektakulärer archäologischer Komplex, der von der hochentwickelten Kultur der Inkas zeugt.

12. In Peru sind noch viele Zeugnisse der Kultur der Inkas erhalten.

13. Auf den Osterinseln stehen riesige Steinskulpturen, die **moais** genannt werden.

14. Die Kathedrale von Quito ist das älteste religiöse Bauwerk dieser Art in Südamerika.

15. Die Galapagos-Inseln sind für ihre Fauna berühmt, besonders für eine langhalsige Schildkrötenart, die über 100 Jahre alt werden kann und die denn Inseln ihren Namen gegeben hat: **tortuga galápago**.

16. Der Tukan lebt in den Tropen und fällt durch sein buntes Gefieder und seinen übergroßen Schnabel auf.

17. Kolumbien ist nach Brasilien der zweitgrößte Kaffee-Erzeuger.

18. Kolumbien ist reich an Bodenschätzen: Gold, Silber, Platin und Smaragde.

19. **La selva amazónica** (der Regenwald des Amazonas) erstreckt sich über die Länder Peru, Ecuador, Kolumbien, Venezuela, Guayana, Surinam, Französisch Guayana, Bolivien und einen Großteil von Brasilien.

20. In Venezuela stellt das Erdöl die wichtigste wirtschaftliche Grundlage dar.

21. In der Südsee liegen viele von Piraten versenkte Segelschiffe.

22. Die typischen Früchte der Karibik (auf Spanisch **el Caribe**) sind Mango, Papaya und Guayaba.

23. Der Panamakanal verbindet den Atlantik (auf Spanisch **océano Atlántico**) mit dem Pazifik (**océano Pacífico**) und ist die größte künstliche Wasserstraße der Welt.

24. Mittelamerika wird unter anderem viel Kakao angebaut.

25. In den mittelamerikanischen und mexikanischen Wäldern lebt der Quetzal, eine Vogelart, die zum Wahrzeichen von Guatemala geworden ist.

26. In Mittelamerika sind zahlreiche alte Handschriften der Mayas entdeckt worden.

27. Palenque ist eine der beeindruckendsten Maya-Städte des alten Mexiko.

28. Die Kathedrale von Mexiko DF stammt aus der Kolonialzeit und ist eines der wichtigsten architektonischen Bauwerke Südamerikas.

29. Die typische mexikanische Volksmusik heißt **mariachi**.

30. Der Norden Mexikos ist ein Wüstengebiet („una zona desértica").

31. **Los puros cubanos**, die Zigarren aus Kuba, sind aufgrund Ihrer hervorragenden Qualität in der ganzen Welt berühmt.

32. Die Musik ist für die kubanische Kultur ganz besonders wichtig und der sogenannte **son** einer der ursprünglichsten Musikstile.

33. **Merengue** und **bachata** sind zwei für die Dominikanische Republik typischen Musikstile.

34. An den Küsten von Puerto Rico werden Thun- und Schwertfisch gefangen.

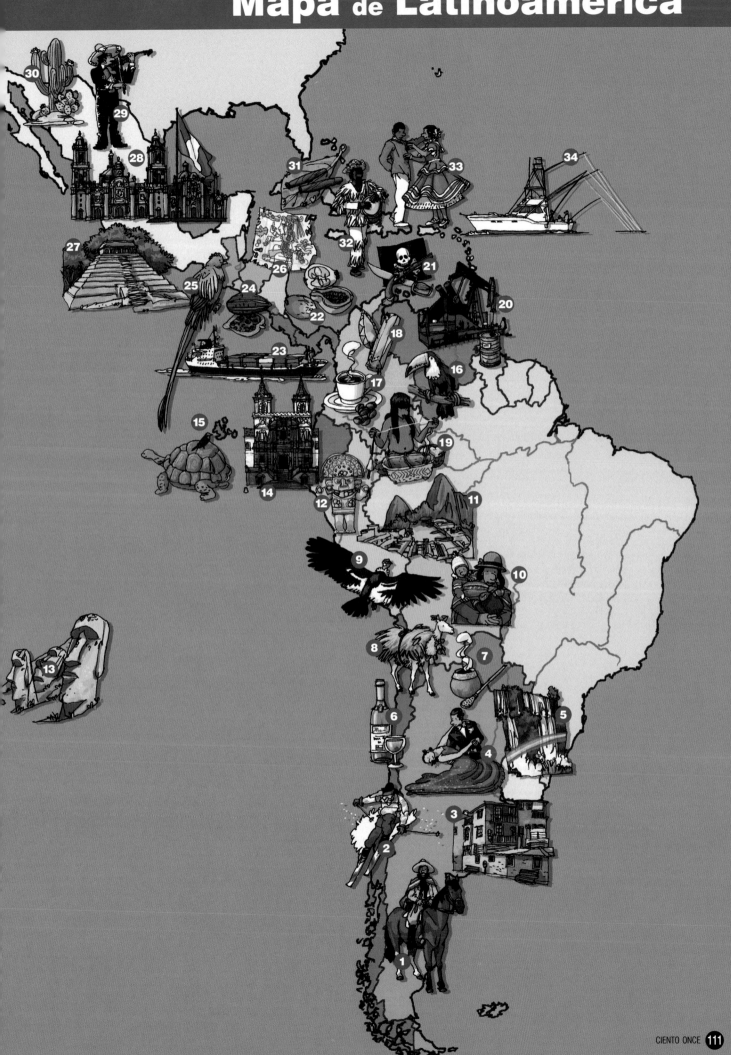

Mis notas

....
....
....
....
....
....
....
....
....
....
....
....
....
....
....
....
....
....
....
....
....
....
....
....
....
....
....
....
....

Mi vocabulario

Hinweise zum Wörterverzeichnis nach Lektionen

Das Wörterverzeichnis hilft dir beim Erschließen der Lektionen. Die Übungen, auf die sich die Wörter jeweils beziehen, sind klar gekennzeichnet.

Erstmalig vorkommende Wörter werden innerhalb einer jeden Übung in der Reihenfolge ihres Vorkommens aufgeführt, einschließlich des unbekannten Wortschatzes aus den Arbeitsanweisungen.

Die deutsche Übersetzung gibt die Bedeutung im jeweiligen Zusammenhang wieder.

Die spanischen Substantive sind mit Artikel aufgeführt, denn es empfiehlt sich, diesen gleich mit zu lernen, da das Geschlecht häufig vom deutschen abweicht. Spanische Substantive, die mit einem betonten **a** oder **ha** beginnen, stehen – auch wenn sie weiblich sind – im Singular mit dem männlichen Artikel. In diesen Fällen ist das vom Artikel abweichende Geschlecht in Klammern *(feminin)* angegeben.

Bei konjugierten Verbformen wird auf den Infinitiv verwiesen; zu Verben mit unregelmäßigen Präsensformen *(i), (ie), (ue), (y), (zc)* findet sich ein Hinweis.

Es wurden die folgenden Abkürzungen verwendet:

Abk. = Abkürzung
Inf. = Infinitiv
Imp. = Imperativ
Part. = Partizip
Konj. = Konjunktiv
Perf. = Perfekt
Fut. = Futur
Ger. = Gerundium

Falls du einmal ein Wort nicht findest, so ist es wahrscheinlich schon in einer vorherigen Lektion vorgekommen. In diesen Fällen hilft dir das alphabetische Wörterverzeichnis.

① Tú y yo

Tú y yo – Du und ich
tú – du
y – und
yo – ich

1. ADIÓS A LAS VACACIONES
Die Ferien sind zu Ende

A **adiós** – auf Wiedersehen
las vacaciones – die Ferien
están *(Inf. estar)* – sie sind
todos/as – alle
¿Están todos? – Sind alle da?

el I.E.S. – *Schule der span. Sekundarstufe*
el instituto – das Institut, die Schule
la educación – die Erziehung
secundario/a – sekundär

> *I.E.S. (Instituto de Educación Secundaria): Nach Abschluss der Grundschule besuchen alle spanischen Kinder zwischen 12 und 15 Jahren ein I.E.S. Wer Abitur machen möchte, besucht die Schule weitere zwei Jahre, das heißt dann "bachillerato".*

la ESO – *Pflichtunterricht der span. Sekundarstufe*
obligatorio/a – Pflicht-

> *E.S.O. (Educación Secundaria Obligatoria): Entspricht der 7. bis 10. Klasse und ist für alle Kinder Pflicht.*

el profesor, la profesora – der Lehrer, die Lehrerin
el móvil – das Handy

B **conoces** *(Inf. conocer (zc))* – du kennst
algún/alguno, alguna – irgendeine/r/s
otro/a – (ein/e) andere/r/s
el nombre – der Name, Vorname
o – oder
el apellido – der Nachname
español, española – spanisch
el español – die spanische Sprache
el español, la española – der Spanier, die Spanierin
sí – ja

C **¿qué?** – welche/r/s
de – von
la lista – die Liste
son *(Inf. ser)* – sie sind
el chico, la chica – der Junge, das Mädchen

D **lee** *(Imp. von leer)* – lies
en voz alta – laut

E **te** – dir
parece *(Inf. parecer (zc))* – es scheint
más bonito/a – schöner
más – mehr
es – er/sie/es ist
bonito/a – schön
muy – sehr

2. ¿CÓMO SE ESCRIBE?
Wie schreibt man das?

cómo – wie
se escribe *(Inf. escribir)* – man schreibt
escribir – schreiben

A **puedes** *(Inf. poder)* – du kannst
deletrear – buchstabieren
tu – dein/e
un/una – ein/e *(unbest. Artikel)*

Mi vocabulario

B el juego – das Spiel
vale – in Ordnung
seis – sechs
la letra – der Buchstabe

3. CON BE O CON UVE
Mit b oder v

A escucha *(Imp. von escuchar)* – höre (zu)
escribe *(Imp. von escribir)* – schreibe
en – in
el cuaderno – das Heft
la ciudad – die Stadt
latinoamericano/a – lateinamerikanisch

B compara *(Imp. von comparar)* – vergleiche
el compañero, la compañera – der Klassenkamerad,
   die Klassenkameradin
escribirse con – sich schreiben mit
creo *(Inf. creer)* – ich glaube

C os – euch
va a *(Inf. ir a)* – wird *(Futur I)*
dar – geben
la solución – die Lösung
luego – dann, danach
podéis *(Inf. poder)* – ihr könnt
añadir – hinzufügen
¿quién? – wer?
tiene *(Inf. tener)* – er/sie/es hat
largo/a – lang

4. PALABRAS, PALABRAS
Wörter, Wörter

la palabra – das Wort
conocéis *(Inf. conocer (cz))* – ihr kennt
en español – auf Spanisch
hola – hallo
la playa – der Strand
la fiesta – die Party

la chuleta de gramática
Der Grammatikspickzettel

la chuleta – der Spickzettel
la gramática – die Grammatik
el abecedario – das Alphabet
el número – die Zahl

5. ¿QUIÉN ES QUIÉN?
Wer ist wer?

se llama *(Inf. llamarse)* – er/sie/es heißt
es *(Inf. ser)* – er/sie/es ist
alemán/alemana – deutsch
el alemán – die deutsche Sprache
el alemán, la alemana – der/die Deutsche
el año – das Jahr
portugués/portuguesa – portugiesisch
el portugués, la portuguesa – der Portugiese, die
   Portugiesin

francés/francesa – französisch
el francés, la francesa – der Franzose, die Französin
inglés/inglesa – englisch
el inglés, la inglesa – der Engländer, die Engländerin
ruso/a – russisch
el ruso, la rusa – der Russe, die Russin
japonés/japonesa – japanisch
el japonés, la japonesa – der Japaner, die Japanerin
italiano/a – italienisch
el italiano, la italiana – der Italiener, die Italienerin

6. MASCULINO Y FEMENINO
Maskulin und feminin

masculino/a – maskulin
femenino/a – feminin

A forma *(Imp. formar)* – bilde
la pareja – das Paar
mismo/a – selbst
la nacionalidad – die Nationalität
belga – belgisch
el belga, la belga – der Belgier, die Belgierin
brasileño/a – brasilianisch
el brasileño, la brasileña – der Brasilianer, die
   Brasilianerin
canadiense – kanadisch
el canadiense, la canadiense – der Kanadier, die
   Kanadierin

B clasifica *(Imp. clasificar)* – klassifiziere
el adjetivo – das Adjektiv
la forma – die Form
americano/a – amerikanisch
el americano, la americana – der Amerikaner, die
   Amerikanerin
se forman *(Inf. formarse)* – sie bilden sich
añadiendo *(Ger. von añadir)* – indem man hinzufügt
tienen *(Inf. tener)* – sie haben
marroquí – marokkanisch
el marroquí, la marroquí – der Marokkaner, die
   Marokkanerin

C la ayuda – die Hilfe
el diccionario – das Wörterbuch
busca *(Imp. buscar)* – suche

7. ¡HOLA! YO SOY HUGO
Hallo, ich bin Hugo

soy *(Inf. ser)* – ich bin

A se presentan *(Inf. presentarse)* – sie stellen sich vor
estos – diese
el texto – der Text
¿Qué tal? – Wie geht's?
me llamo *(Inf. llamarse)* – ich heiße
hablo *(Inf. hablar)* – ich spreche
porque – weil
mi – mein/e
la madre – die Mutter
el padre – der Vater
chileno/a – chilenisch

el **chileno**, la **chilena** – der Chilene, die Chilenin
tengo *(Inf.* **tener***)* – ich habe
el **gato** – die Katze
la **armonía** – die Harmonie
el **teléfono** – das Telefon
el **hermano**, la **hermana** – der Bruder, die Schwester
el **árabe** – die arabische Sprache
un **poco de** – ein bisschen
el **francés** – die französische Sprache
los **padres** – die Eltern
argentino/a – argentinisch
el **argentino**, la **argentina** – der Argentinier, die
    Argentinierin
la **luna** – der Mond
el **sol** – die Sonne
el **perro** – der Hund
fiel – treu

B la **información** – die Information
completa *(Inf.* **completar***)* – ergänze
la **frase** – der Satz
el **idioma** – die Sprache, Fremdsprache

C **vuestro/a** – euer/eure
la **clase** – die Klasse
nadie – niemand

la chuleta de gramática

el **saludo** – der Gruß, die Begrüßung
la **despedida** – der Abschied, die Verabschiedung
personal – persönlich
¿Cómo te llamas? – Wie heißt du?
te **llamas** *(Inf.* **llamarse***)* – du heißt
¿De dónde eres? – Woher kommst du?
dónde – wo
eres *(Inf.* **ser***)* – du bist
¿Cuántos años tienes? – Wie alt bist du?
¿cuánto/a? – wie viele?
llamarse – heißen
él – er
ella – sie
usted – Sie *(höfliche Anrede einer Person)*
ellos – sie *(maskulin)*
ellas – sie *(feminin)*
ustedes – Sie *(höfliche Anrede mehrerer
    Personen)*

8. NÚMEROS DE TELÉFONO
Telefonnummern

A **¿de quién?** – von wem?
lee *(Inf.* **leer***)* – er/sie/es liest

B **llamar por teléfono** – anrufen
¿Diga? – Hallo?

9. NOS VEMOS EN EL CHAT
Wir treffen uns im Chat

nos vemos *(Inf.* **verse***)* – wir sehen uns
ver – sehen
el **chat** – der Chat

están chateando *(Ger. von* **chatear***)* – sie chatten
    gerade
parecido/a – ähnlich
estudias *(Inf.* **estudiar***)* – du lernst
primero de ESO – *entspricht der 7. Klasse*
también – auch
el **inglés** – die englische Sprache
el **correo electrónico** – die E-Mail

10. ¿EN CUÁNTOS PAÍSES SE HABLA ESPAÑOL?
In wie vielen Ländern wird Spanisch gesprochen?

¿cuántos/as? – wie viele?
el **país** – das Land
se habla – man spricht

A **contesta** *(Imp. von* **contestar***)* – (be)antworte
la **pregunta** – die Frage
la **respuesta** – die Antwort

B **ahora** – jetzt
os toca a vosotros – ihr seid dran
tocar – an der Reihe sein

11. MI DNI
Mein Personalausweis

el **DNI** *(Abk. für* documento nacional de
    identidad*)* – der Personalausweis
esto – das *(Demonstrativpron.)*
España – Spanien
primer/a – erste/r
segundo/a – zweite/r
el **Ministerio del Interior** – das Innenministerium
nació *(inf.* **nacer***)* – geboren sein
la **provincia** – die Provinz
el **hijo**, la **hija** – der Sohn, die Tochter
el **sexo** – das Geschlecht
el **domicilio** – der Wohnsitz
la **localidad** – der Wohnort

la chuleta de gramática

se dice – man sagt
la **arroba** – at *(das Zeichen @)*
los **datos** – die Daten, Angaben
el **lugar** – der Ort
el **nacimiento** – die Geburt
la **fecha** – das Datum

LA REVISTA LOCA
Das verrückte Magazin

la **revista** – das Magazin, die Zeitschrift
loco/a – verrückt
de moda – modisch, modern

popular – beliebt
tenemos *(Inf.* **tener***)* – wir haben
¿verdad? – nicht wahr?

importante – wichtig
así – so
el abuelo, la abuela – der Großvater, die Großmutter
votado/a – gewählt
votar – wählen
la web – die Web(seite)
latino/a – lateinamerikanisch
la mujer – die Frau
el hombre – der Mann
el voto – die Wahlstimme
aquí – hier

C de cultura
K wie Kultur

la cultura – die Kultur
colombiano/a – kolumbianisch
el colombiano, la colombiana – der Kolumbianer,
  die Kolumbianerin
mexicano/a – mexikanisch
el mexicano, la mexicana – der Mexikaner, die
  Mexikanerin
estadounidense – nordamerikanisch
el estadounidense, la estadounidense – der
  Nordamerikaner, die Nordamerikanerin

la, la, la... – La, la, la ...
se equivoca (Inf. equivocarse) – Sie haben sich
  verwählt
¿diga? – Eröffnungsformel des Angerufenen am Telefon
lo siento – tut mir Leid
quiero (Inf. querer) – ich möchte

manda (Imp. von mandar) – schicke
la foto – das Foto
la mascota – das Haustier
el conejo – der Hase
el burrito – das Eselchen
el corderito – das Lämmchen

la peña del garaje
Die Garagen-Clique

la peña – die Clique
la familia – die Familie
el garaje – die Garage
el colega, la colega – der Kollege, die Kollegin
  (umgangssprachlich für Freund/in)
ese/a – diese/r/s
la edad – das Alter
tan – so
difícil – schwierig
como – wie
dicen (Inf. decir (i)) – sie sagen
especialmente – besonders
si – wenn
el amigo, la amiga – der Freund, die Freundin
bueno/a – gut
la mochila – der Rucksack
llamamos (Inf. llamar) – wir nennen, rufen
el peluche – das Plüschtier
la camiseta – das T-Shirt
el pez – der Fisch
el trueno – der Donner
se reúne (Inf. reunirse) – er/sie/es trifft sich

la suerte – das Glück

El DOSSIER de la CLASE
Das Dossier der Klasse

el dossier – das Dossier, die Mappe
el retrato – der Steckbrief

② Mi cole

Mi cole – Meine Schule
el cole (Abk. für colegio) – die Schule
tampoco – auch nicht

1. UN COLE MUY ESPECIAL
Eine ganz besondere Schule

especial – besonders

A **el colegio** – die Schule
la galaxia – die Galaxis
hay – es gibt
sólo – nur
el niño, la niña – der Junge, das Mädchen
el ordenador – der Computer
el comedor – der Schulspeisesaal
el patio – der Schulhof
el transporte escolar – der Schulbus
el gimnasio – die Sporthalle
el laboratorio – das Schullabor
la enfermería – das Krankenzimmer
el campo de fútbol – der Fußballplatz
la piscina – das Hallenbad
la biblioteca – die Bibliothek
la música – die Musik
la pista de tenis – der Tennisplatz
llevan (Inf. llevar) – tragen
el uniforme – die Schuluniform

2. UN COLE DIFERENTE
Eine andere Schule

el circo – der Zirkus
internacional – international
muchos/as – viele
el artista, la artista – der Künstler, die Künstlerin
Brasil – Brasilien
Francia – Frankreich
Italia – Italien
Rusia – Russland
Alemania – Deutschland
Polonia – Polen
el payaso – der Clown
el acróbata, la acróbata – der Akrobat, die Akrobatin
el domador, la domadora – der Dompteur, die
  Dompteuse
el animal – das Tier
pero – aber
necesitan (Inf. necesitar) – sie brauchen
sobre ruedas – auf Rädern

el **camión** – der Lastwagen
necesario/a – notwendig
el **vídeo** – der Videorekorder
la **pizarra** – die Tafel
la **calefacción** – die Heizung
el **aire acondicionado** – die Klimaanlage
funciona *(Inf. funcionar)* – sie funktioniert
pues – also
fácil – einfach
solo/a – einzig/e
naturalmente – natürlich
viajan *(Inf. viajar)* – sie reisen
estudian *(Inf. estudiar)* – sie lernen
la **asignatura** – das Fach
por la tarde – nachmittags
ensayar – proben
la **actuación** – die Vorstellung
por eso – deshalb
por ejemplo – zum Beispiel
trabajan *(Inf. trabajar)* – sie arbeiten
el **caballo** – das Pferd
el **trapecista, la trapecista** – der Trapezkünstler, die Trapezkünstlerin

A **entiendes** *(Inf. entender (ie))* – du verstehst
lo esencial – das Wesentliche

B **otra vez** – noch einmal
la **cosa** – die Sache
igual – gleich
diferente – anders

la chuleta de gramática

el **aula** *(feminin)* – das Klassenzimmer
el **alumno, la alumna** – der Schüler, die Schülerin
el **posesivo** – das Possessivpronomen

3. MI ASIGNATURA FAVORITA
Mein Lieblingsfach

favorito/a – Lieblings-

A el **estudiante, la estudiante** – der Schüler, die Schülerin
relacionas *(Inf. relacionar)* – du verbindest
cada – jede/r/s
la **imagen** – das Bild
las **ciencias sociales** – die Sozialwissenschaften
las **ciencias naturales** – die Naturwissenschaften
la **lengua** – die Sprache
la **literatura** – die Literatur
la **expresión plástica** – der Kunstunterricht
la **educación física** – der Sportunterricht
las **matemáticas** – der Mathematikunterricht
la **informática** – der Informatikunterricht

4. SÍLABAS TÓNICAS
Die betonten Silben

la **sílaba tónica** – die betonte Silbe
la **sílaba** – die Silbe

A **fíjate** *(Imp. von fijarse)* – achte auf

B la **química** – die Chemie

5. A MÍ ME GUSTA, A MÍ NO ME GUSTA...
Ich mag, ich mag nicht...

A la **opinión** – die Meinung
sobre – über
primero – zuerst
copia *(Imp. von copiar)* – schreibe ab
el **tema** – das Thema
coloca *(Imp. von colocar)* – setze hinzu
el **icono** – das Symbol, das Zeichen
correspondiente – entsprechend
el **horario** – der Stundenplan
la **comida** – das Essen
la **excursión** – der Ausflug
el **examen** – die Klassenarbeit
el **recreo** – die Pause

B **por lo menos** – wenigstens

la chuleta de gramática

la **preferencia** – die Vorliebe
el **deporte** – der Sport
el **baloncesto** – der Basketball
la **ética** – die Ethik
la **naturaleza** – die Natur
México – Mexiko

6. RELOJES
Uhren

A la **hora** – die Uhrzeit

B **dibujar** – zeichnen
el **cartel** – das Plakat
la **salida** – der Schulschluss

7. ¿QUÉ HORA ES EN BUENOS AIRES?
Wie spät ist es in Buenos Aires?

¿Qué hora es? – Wie spät ist es?
Cuba – Kuba
República Dominicana, la – Dominikanische Republik
Honduras – Honduras
Guatemala – Guatemala
Venezuela – Venezuela
Nicaragua – Nicaragua
El Salvador – El Salvador
Colombia – Kolumbien
Costa Rica – Costa Rica
Panamá – Panama
Ecuador – Ecuador
Perú – Peru
Bolivia – Bolivien
Paraguay – Paraguay
Chile – Chile

Uruguay – Uruguay
Argentina – Argentinien

8. EL HORARIO DE PATRICIA
Patricias Stundenplan

A ha copiado *(Perf. von* copiar) – hat abgeschrieben
ayudas *(Inf.* ayudar) – du hilfst
el lunes – der Montag
el martes – der Dienstag
el miércoles – der Mittwoch
el jueves – der Donnerstag
el viernes – der Freitag
despacio – langsam
por favor – bitte
repetir *(i)* – wiederholen

B la hora – die Stunde
por la mañana – vormittags
por semana – pro Woche

la chuleta de gramática

las partes del día – die Tageszeiten
la parte – der Teil
la mañana – der Morgen
el mediodía – der Mittag
la tarde – der Nachmittag
la noche – die Nacht
los días de la semana – die Wochentage
la semana – die Woche
el sábado – der Samstag
el domingo – der Sonntag
el fin de semana – das Wochenende
igualmente – gleichfalls
la frecuencia – die Häufigkeit
al día – pro Tag

LA REVISTA LOCA

C de cultura

el homenaje – die Ehrung
el maestro, la maestra – der Grundschullehrer, die
  Grundschullehrerin
voy *(Inf.* ir) – ich gehe
particular – besonders
cuando – wenn
llueve – es regnet
se moja *(Inf.* mojarse) – er/sie/es wird nass
los demás, las demás – die anderen
sensacional – sensationell
se estudia – man lernt, man studiert
se aprende *(Inf.* aprender) – man lernt
guapo/a – schön, hübsch
el pecho – die Brust
el palomar – der Taubenschlag
se encuentre a gusto *(Konj. von* encontrarse) –
  er/sie/es fühlt sich wohl
el pichón – das Täubchen
la paz – der Frieden

ja, ja, ja, ja… – Ha, ha, ha, ha...

utilizan *(Inf.* utilizar) – sie benutzen
no lo sé – ich weiß es nicht

el tipo – die Art, der Typ
el centro – die Schule
privado/a – Privat-
preferido/a – Lieblings-
odiado/a – verhasst
la física – die Physik
lo mejor – das Beste
lo peor – das Schlimmste
nada – nichts
copias *(Inf.* copiar) – du schreibst ab
castellano/a – spanisch
religioso/a – religiös
a veces – manchmal
nunca – nie

aquí y allá – hier und dort
allá – dort
la nota – die Note
sobresaliente – sehr gut
notable – gut
bien – befriedigend
suficiente – ausreichend
insuficiente – mangelhaft
el ejercicio – die Übung
se puntúa *(Inf.* puntuar) – man benotet
Alemania – Deutschland
Inglaterra – England
muchas veces – häufig
el máximo – das Höchste
Francia – Frankreich
Portugal – Portugal
Italia – Italien
en el mundo – auf der Welt
el mundo – die Welt
la declaración – die Erklärung
el derecho – das Recht
aprobado/a – verabschiedet
por – durch
la asamblea – die Versammlung
general – General-
las Naciones Unidas – die Vereinten Nationen
el noviembre – der November
el artículo – der Artikel
tener derecho a – Recht haben auf
recibir – erhalten
la educación – die Bildung
gratuito/a – kostenlos
obligatorio/a – Pflicht
la etapa elemental – das Grundschulalter
el millón – die Million
van *(Inf.* ir) – sie gehen
el siglo – das Jahrhundert
el analfabeto, la analfabeta – der Analphabet, die
  Analphabetin
el habitante, la habitante – der Einwohner, die
  Einwohnerin
el planeta – der Planet
presentado *(Part. von* presentar) – vorgestellt
el estado – die Situation
mundial – Welt-
la infancia – die Kindheit
menor – unter

grave – schlimm
el problema – das Problem
educativo/a – Bildungs-
conocen *(Inf.* conocer*)* – sie kennen
el curso – der Kurs

la peña del garaje

estresante – stressig
la banda de música – die Musikband
tocamos *(Inf.* tocar*)* – wir spielen
el hip-hop – der Hiphop
próximo/a – nächste/r/s
el concierto – das Konzert
ensayamos *(Inf.* ensayar*)* – wir proben
el fútbol – das Fußballspielen
la natación – das Schwimmen
el judo – das Judo
el aeróbic – das Aerobic
el atletismo – die Leichtathletik
la banda – die Band
el club – der Klub

El DOSSIER de la CLASE

la oferta – das Angebot
el taller – die Werkstatt
la artesanía – das Kunsthandwerk
el diseño – das Design
la mecánica – die Mechanik
la pintura – die Malerei
decorativo/a – dekorativ
la salud – die Gesundheit
ambiental – der/die/das Umwelt-
la nutrición – die Ernährung
el teatro – das Theater
la electrónica – die Elektronik
diseño asistido por ordenador – CAD *(Computer Aided Design)*
el cine – das Kino, *hier:* das Filmen
ideal – ideal
la entrevista – das Interview
añadir – hinzufügen

③ ¿Cómo eres?

¿Cómo eres? – Wie bist du?
bastante – ziemlich

1. UN *CASTING*: SE BUSCAN CHICOS Y CHICAS
Jungen und Mädchen gesucht

el casting – das Casting
se buscan – (es) werden gesucht, man sucht

A **la ficha** – die Karteikarte
el chaval – der Junge
delgado/a – dünn
el pelo – das Haar
corto/a – kurz

moreno/a – dunkelbraun
los ojos – die Augen
azul – blau
rubio/a – blond
liso/a – glatt
negro/a – schwarz
demasiado – zu sehr
alto/a – groß
ni… ni… – weder...noch
gordo/a – dick
bajo/a – klein
castaño/a – kastanienbraun *(Haarfarbe)*
rizado/a – gelockt
verde – grün
pelirrojo/a – rothaarig
las gafas – die Brille
oscuro/a – dunkel

B **el anuncio** – die Anzeige
la serie – die Serie
preferiblemente – vorzugsweise
aproximadamente – ungefähr
la estatura – die Körpergröße
normal – normal

C **crees** *(Inf.* creer*)* – du glaubst
puede ser *(Inf.* poder*)* – er/sie/es kann sein

2. SE BUSCA
Gesucht

se busca – (es) wird gesucht, man sucht

A **famoso/a** – berühmt
el mafioso – der Mafioso
hace *(Inf.* hacer*)* – er/sie/es macht
la descripción – die Beschreibung
la policía – die Polizei
detener *(g)* – verhaften
toma notas *(Imp. von* tomar*)* – mach dir Notizen
busca *(Inf.* buscar*)* – sie sucht

B **piensa en** *(Imp. von* pensar*)* – denk an
hasta – bis
adivinar – (er)raten
has pensado *(Perf. von* pensar*)* – du hast gedacht

3. ¿CÓMO SOMOS?
Wie sind wir?

la estadística – die Statistik
alguien – jemand
anota *(Inf.* anotar*)* – notieren

la chuleta de gramática

el aspecto físico – das Aussehen
describir – beschreiben
rojo/a – rot
calvo/a – kahl
grande – groß
la boca – der Mund
bajito/a – klein

Mi vocabulario

gordito/a – dicklich
gordo/a – dick
feo/a – hässlich
feíto/a – hässlich
las lentillas – die Kontaktlinsen
el bigote – der Schnurrbart
la perilla – der Kinnbart
la barba – der Bart
la cola – der Pferdeschwanz
teñido/a – gefärbt

4. ¿DE QUIÉN HABLAN?
Von wem wird gesprochen?

hablan (Inf. hablar) – sie sprechen

A está (Inf. estar) – er/sie/es ist
la conversación – das Gespräch
entre – zwischen
el hermano mayor, la hermana mayor– der ältere
  Bruder, die ältere Schwester

B el correo – die E-Mail
contándole (Ger. von contar (ue)) – und sie erzählt ihr
la noticia – die Nachricht
nuevo/a – neu
el novio, la novia – der Freund, die Freundin
continuar – fortführen
trabaja (Imp. von trabajar) – arbeite
junio – Juni
fresco/a – neu, frisch
sabes (Inf. saber) – du weißt

C preparad (Imp. von preparar) – bereitet vor
por escrito – schriftlich
el diálogo – der Dialog
parecido/a – ähnlich
representad (Imp. von representar) – führt auf
ante – vor

5. ¿QUÉ TE GUSTA HACER?
Was machst du gern?

A la actividad – die Aktivität
elige (Imp. von elegir) – such aus
los deberes – die Hausaufgaben
ver la televisión – fernsehen
la televisión – das Fernsehen
la redacción – der Aufsatz
la consola – die Konsole
navegar por Internet – im Internet surfen
tocar la guitarra – Gitarre spielen
la guitarra – die Gitarre
chatear – chatten
salir (g) con – ausgehen mit
resolver (ue) – lösen
ir de compras – einen Einkaufsbummel machen
ordenar – aufräumen
la habitación – das Zimmer

B habla (Imp. von hablar) – sprich

6. ¿ERES COMO PABLO O COMO MARTÍN?
Bist du wie Pablo oder wie Martin?

B el verbo – das Verb
aparecen (Inf. aparecer (zc)) – sie erscheinen
el infinitivo – der Infinitiv
termina (Inf. terminar) – er/sie/es (be)endet

navega (Inf. navegar) – er/sie/es surft im Internet
todos los días – jeden Tag
la guitarra eléctrica – die E-Gitarre
ayuda (Inf. ayudar) – er/sie/es hilft
visita (Inf. visitar)- er/sie/es besucht
llega tarde (Inf. llegar tarde) – er/sie/es kommt spät
el jardín – der Garten
navego (Inf. navegar) – ich surfe im Internet

la chuleta de gramática

la relación – die Beziehung
estar enamorado/a de – verliebt sein
expresar – äußern
los gustos – die Vorlieben, der Geschmack
el sustantivo – das Substantiv
la afición – das Hobby
tocar – spielen
la flauta – die Flöte
el piano – das Klavier
el tenis – das Tennis
el monopoly – das Monopoly
la gameboy – der Gameboy
el karate – das Karate
la danza – der Tanz

7. FAMILIAS
Familien

A corresponde a (Inf. corresponder) – gehört zu
vivir – leben
estar loco/a por – verrückt sein nach
genial – genial, toll
cerca – in der Nähe
el marido – der Ehemann
el hermanastro, la hermanastra – der Stiefbruder,
  die Stiefschwester
pasar – verbringen
juntos/as – zusammen

B imagino (Inf. imaginar) – ich stelle mir vor
el significado – die Bedeutung

C siéntate (Imp. von sentarse (ie)) – setze dich
conozcas (Konj. von conocer) – du kennst
bien – gut
tener que + Inf. – müssen
averiguar – herausfinden

D el miembro – das Mitglied
eligen (Inf. elegir (i)) – sie wählen aus

E estudia segundo – er/sie/es geht in die zweite Klasse
el hámster – der Hamster

8. TU MEDIA NARANJA
Deine andere Hälfte

media – halb
la naranja – die Apfelsine

A la cualidad – der Vorzug
el defecto – der Mangel
simpático/a – sympathisch
antipático/a – unsympathisch
inteligente – intelligent
vago/a – faul
callado/a – still
mentiroso/a – verlogen
deportista – sportlich
trabajador/a – fleißig
responsable – verantwortungsbewusst
empollón/a – streberhaft
sincero/a – aufrichtig
chivato/a – Petzer/in
tranquilo/a – ruhig
tacaño/a – geizig
ordenado/a – ordentlich
cabezota – dickköpfig

B el programa – das Programm
encontrar *(ue)* – finden

C el físico – das Aussehen
la altura – die Größe
medio/a – durchschnittlich
romántico/a – romantisch
bailar – tanzen

D anterior – vorherig
el rasgo – die Charaktereigenschaft
positivo/a – positiv
negativo/a – negativ
el carácter – der Charakter
haz *(Imp. von* hacer*)* – mache
tímido/a – schüchtern

E definan *(Konj. von* definir*)* – genau beschreiben
el mejor amigo, la mejor amiga – der beste Freund, die beste Freundin
el cantante, la cantante – der Sänger, die Sängerin
el personaje – die Persönlichkeit
el deportista, la deportista – der Sportler, die Sportlerin
el actor, la actriz – der Schauspieler, die Schauspielerin

la chuleta de gramática

el papá – der Papa
la mamá – die Mama
no... nada – überhaupt nicht
irresponsable – unverantwortlich
desordenado/a – unordentlich

LA REVISTA LOCA

la canción – das Lied
la sonrisa – das Lächeln

la manera – die Art und Weise
andar – gehen
aguantar – ertragen
la risa – das Lachen
la mirada – der Blick
vestir *(i)* – sich kleiden, anziehen

según – gemäß
el zodiaco – das Sternzeichen
la tontería – die Dummheit
algo – etwas
la verdad – die Wahrheit
el nativo, la nativa – der/die (unter einem Sternzeichen) Geborener/Geborene
distinto/a – verschieden
el signo – das Zeichen
realmente – wirklich
aries – Widder
marzo – März
abril – April
el elemento – das Element
el fuego – das Feuer
Marte – Mars
fuerte – stark
valiente – mutig
egoísta – egoistisch
impaciente – ungeduldig
géminis – Zwilling
mayo – Mai
el aire – die Luft
Mercurio – Merkur
comunicativo/a – kommunikativ
alegre – fröhlich
nervioso/a – nervös
tauro – Stier
la tierra – die Erde
Venus – Venus
sensible – sensibel
posesivo/a – besitzergreifend
cáncer – Krebs
julio – Juli
el agua *(feminin)* – das Wasser
soñador/a – verträumt
virgo – Jungfrau
agosto – August
septiembre – September
leo – Löwe
generoso/a – großzügig
orgulloso/a – stolz
escorpión – Skorpion
octubre – Oktober
noviembre – November
Plutón – Pluto
apasionado/a – leidenschaftlich
imaginativo/a – phantasievoll
celoso/a – eifersüchtig
tozudo/a – eigensinnig
libra – Waage
diplomático/a – diplomatisch
variable – schwankend
influenciable – beeinflussbar
capricornio – Steinbock
diciembre – Dezember
enero – Januar
Saturno – Saturn

pesimista – pessimistisch
sagitario – Schütze
noviembre – November
Júpiter – Jupiter
cariñoso/a – liebevoll
exagerado/a – übertrieben
acuario – Wassermann
febrero – Februar
Urano – Uranus
idealista – idealistisch
original – originell
caprichoso/a – launisch
piscis – Fische
Neptuno – Neptun
ingenuo/a – naiv
realista – realistisch

los pasatiempos – die Rätsel
juega *(Inf.* **jugar)** – er/sie/es spielt
el fotógrafo, la fotógrafa – der Fotograf, die Fotografin

C de cultura

el protagonista, la protagonista – die Hauptfigur
la colección – die Reihe, die Sammlung
la película – der Film
todo el mundo – alle, jedermann
el barrio – das Stadtviertel
el camionero – der LKW-Fahrer
divertido/a – lustig
mundialmente – allgemein
conocido/a *(Part. von* **conocer)** – bekannt
el imbécil – der Dummkopf
el orejones – das Segelohr
las bragas – die Schlüpfer
sucio/a – schmutzig
el autor, la autora – der Autor, die Autorin
la calle – die Straße
el vecino, la vecina – der Nachbar, die Nachbarin
la gente – die Leute
charlar – plaudern
la tienda – das Geschäft
el escritor, la escritora – der Schriftsteller, die
Schriftstellerin

la peña del garaje

precioso/a – herrlich
increíble – unglaublich
tan – so
dulce – süß
el millonario – der Millionär

El DOSSIER de la CLASE

la compu *(Abk. für* computadora) – der Computer
el perrito, la perrita – das Hündchen
la secundaria – die Sekundarstufe
la música clásica – die klassische Musik
la materia – das Gebiet, das Fach
la historia – die Geschichte
odiar – hassen
sobre todo – besonders
el rugby – das Rugby

todo tipo de – jede Art von
el rock – der Rock
el beso – der Kuss
me interesa *(Inf.* **interesar)** – ich interessiere mich
el bajo electrónico – der Elektrobass
por mail – über E-Mail
prometer – versprechen

Repaso de las unidades 1, 2, y 3

Wiederholung der Lektionen 1, 2 und 3

el repaso – die Wiederholung
¿Ya sabes...? – Kannst du schon ...?

1 **¿verdad?** – nicht wahr?
tercero de ESO – *entspricht der 9. Klasse*
cantar – singen
despistado – zerstreut

2 **el cuadro** – das Bild
la columna – die Spalte
añade *(Imp.* **añadir)** – füge hinzu

3 **olvides** *(Konj. von* **olvidar)** – vergiss

4 **inadecuado/a** – nicht passend
la piscina – das Schwimmbad
el repaso – die Wiederholung

5 **¿Entiendes?** – Verstehst du das?
responde *(Imp. von* **responder)** – antworte
las afueras – der Stadtrand
hoy – heute
entrar – *hier:* einloggen
fantástico/a – fantastisch
el nick – der Benutzername
la batería – das Schlagzeug
el batería – der Schlagzeuger
he conocido *(Perf. von* **conocer)** – ich habe
kennen gelernt

6 **la tabla** – die Tabelle
el hermanito, la hermanita – das Geschwisterchen
la postal – die Postkarte
la burocracia – die Bürokratie
el parque – der Park
el ama de casa *(feminin)* – die Hausfrau
el agente de seguros – der Versicherungsvertreter
la planta – die Pflanze
siempre – immer
el cumpleaños – der Geburtstag
crítico/a – kritisch
curioso/a – neugierig
estar interesado/a en – sich interessieren für
la política – die Politik
el ajedrez – das Schach
la sopa – die Suppe
la injusticia – die Ungerechtigkeit
el hermano menor, la hermana menor – der jüngere
Bruder, die jüngere Schwester
gracioso/a – witzig

7 ¿Me lo explicas? – Erklärst du mir das?
entiendas *(Konj. von* entender*)* – du verstehst
físico/a – körperlich

8 el foro – das Forum
presentarse – sich vorstellen
escribes *(Inf. escribir)* – du schreibst
el primo, la prima – der Cousin, die Cousine
me gustaría *(Konj. von* gustar*)* – ich würde gern
el cómic – der Comic
intercambiar – austauschen
tener interés – Interesse haben
practicar – üben, *hier:* Spanisch sprechen
andaluz/a – andalusisch
el andaluz, la andaluza – der Andalusier, die
   Andalusierin
la pasión – die Leidenschaft
el baile – der Tanz
el flamenco – der Flamenco
la salsa – die Salsa
la danza del vientre – der Bauchtanz
moderno/a – modern

9 la opción – die Wahlmöglichkeit

10 el test – der Test
comprobar *(ue)* – überprüfen
el resultado – das Ergebnis
suizo/a – schweizerisch
el suizo, la suiza – der Schweizer, die Schweizerin
libanés/libanesa – libanesisch
el libanés, la libanesa – der Libanese, die Libanesin
la tecnología – die Technologie
preferir *(ie)* – vorziehen

11 te acuerdas *(Inf. acordarse)* – du erinnerst dich

④ ¡Felicidades!

felicidades – herzlichen Glückwunsch

1. EN EL CENTRO COMERCIAL «HIPERGUAY»
Im Einkaufszentrum «Hiperguay»

el centro comercial – das Einkaufszentrum

A la Navidad – die Weihnachten
comprar – (ein)kaufen
una serie de – eine Reihe
el regalo – das Geschenk
la camiseta – das T-Shirt
la tienda de ropa – die Boutique
la ropa – die Kleidung
las gafas de sol – die Sonnenbrille
el videojuego – das Videospiel
la agenda – der Taschenkalender
el CD – die CD
el helado – das Eis
el chocolate – die Schokolade
la raqueta – der Schläger
el ping-pong – das Tischtennis

los pendientes – die Ohrringe
la bolsa – die Tüte
las chuches – die Süßigkeiten
el bolígrafo – der Kugelschreiber

B la perfumería – das Kosmetikgeschäft
la hamburguesería – der Schnellimbiss
la informática – die Informatik
la librería – die Buchhandlung
la papelería – die Papierwarenhandlung
la heladería – die Eisdiele

D regalar – schenken
el perfume – das Parfüm

la chuleta de gramática

el autobús – der Bus
el artículo – der Artikel
barato/a – billig
el zumo – der Saft
la piña – die Ananas

2. VAMOS A TOMAR ALGO
Gehen wir etwas trinken

tomar – nehmen

A la viñeta – das Comicbild
relaciona *(Imp. von* relacionar*)* – verbinde
por favor – bitte
los servicios – die Toiletten
al fondo – hinten
a la izquierda – links
gracias – danke
el hambre *(feminin)* – der Hunger
¿Cuánto es? – Wie viel macht das?
a ver – mal sehen
el bocadillo – das belegte Brötchen
el queso – der Käse
el mixto – das gemischt belegte Brötchen
la naranjada – der Orangensprudel
el euro – der Euro
tome *(Inf. tomar)* – Bitte!
caliente – warm
el jamón – der Schinken
beber – trinken
sin – ohne
el gas – die Kohlensäure

B el orden – die Reihenfolge
correcto/a – korrekt

C parecido/a – ähnlich
el cliente, la clienta – der Kunde, die Kundin
el camarero, la camarera – der Kellner, die Kellnerin
usando *(Ger. von* usar*)* – benutzt dabei
el vocabulario – das Vokabular
el menú – die Speisekarte
pongo *(Inf. poner)* – ich bringe
frío/a – kalt
la tortilla de patatas – das Kartoffelomelett
la hamburguesa – der Hamburger
la salchicha – die Bockwurst

Mi vocabulario

el salchichón – die Dauerwurst
el jamón serrano – der Schinken
el jamón York – der Kochschinken
la pizza – die Pizza
el atún – der Thunfisch
napolitano/a – neapolitanisch
la carne – das Fleisch
la estación – die Jahreszeit
el plato – das Gericht
las patatas fritas – die Pommes frites
el pollo – das Hähnchen
la ensalada – der Salat
los espaguetis – die Spagetti
el tomate – die Tomate
la escalopa milanesa – das Wiener Schnitzel
la bebida – das Getränk
la cola – die Coca-Cola
la limonada – die Limonade
el batido – der Milchshake

3. LA FIESTA DE CUMPLEAÑOS DE ANA
Anas Geburtstagsfeier

el cumpleaños – der Geburtstag

A celebrar – feiern
la compra – der Einkauf
la bolsa – die Tasche
las patatas – die Kartoffeln
las palomitas – das Popcorn
el bote – das Konservenglas
el paté – die Pastete
la manzana – der Apfel
el paquete – die Schachtel
la galleta – der Keks
el pan de molde – das Toastbrot

C calculad (Imp. von calcular) – kalkuliert
la cantidad – die Menge
el dinero – das Geld
gastar – ausgeben
aproximadamente – ungefähr

la chuleta de gramática

a la derecha – rechts
por allí – dort entlang
pedir – bestellen
la ración – die Portion

4. ¿QUÉ ME LLEVO?
Was nehme ich mit?

A está preparando – er/sie/es ist dabei zu packen
la maleta – der Koffer
los vaqueros – die Jeans
la sudadera – das Sweatshirt
el vestido – das Kleid
la falda – der Rock
la gorra – die Schirmmütze
las zapatillas de deporte – die Turnschuhe
las botas – die Stiefel

el jersey – der Pullover
el anorak – der Anorak
el guante – der Handschuh
los pantalones de esquí – die Skihose
la bufanda – der Schal
el bañador – der Badeanzug
los pantalones – die Hose
la cazadora – die Jacke

C decidid (Imp. von decidir) – entscheidet
se lleva (Inf. llevarse) – er/sie/es nimmt mit
esquiar – Ski laufen
los Alpes – die Alpen
el hotel – das Hotel

D el minuto – die Minute
amarillo/a – gelb

5. DE COLORES
Die Farben

el color – die Farbe
imaginar – vorstellen
el mes – der Monat
marrón – braun
¡atención! – Achtung!

6. UN CONCURSO DE CIFRAS
Ein Zahlenwettbewerb

el concurso – der Wettbewerb
la cifra – die Zahl
el gramo – das Gramm
el veneno – das Gift
la cobra – die Kobra
matar – töten
el puente – die Brücke
sobre – über
el mar – das Meer
la capital – die Hauptstadt
la pila – die Batterie
contaminar – verschmutzen
el litro – der Liter

B la radio – das Radio
el locutor, la locutora – der Radiosprecher, die Radiosprecherin
los numerales – die Zahlwörter

la chuleta de gramática

blanco/a – weiß
gris – grau
rosa – rosa
naranja – orange

7. NOS VAMOS DE COMPRAS
Wir gehen einkaufen

B cuesta (Inf. costar (ue)) – kostet
las rebajas – der Ausverkauf
el descuento – der Rabatt

8. COMPRAS ESPECIALES
Besondere Einkäufe

A después – dann, danach
el dibujo – die Zeichnung

B has oído *(Perf. von oír)* – du hast gehört
sirven *(Inf. servir (i))* – sie dienen
señalar – hindeuten auf
identificar – identifizieren
el objeto – das Objekt, der Gegenstand

9. REGALOS
Geschenke

la muñeca – die Puppe
el padrino, la madrina – der Patenonkel, die Patentante

la chuleta de gramática

el reloj – die Uhr

LA REVISTA LOCA

comer el coco – verrückt machen
la moda – die Mode
cómodo/a – bequem
la ropa de marca – die Markenkleidung
la marca – die Marke
claro/a – hell
no tener ni idea – keine Ahnung haben
vestirse *(i)* – sich anziehen
el eslogan – der Slogan

C de cultura

falso/a – gefälscht
seguramente – sicher
en primer plano – im Vordergrund
la infanta – *die spanische Prinzessin*
la dama de la corte – die Hofdame
el enano, la enana – der Zwerg, die Zwergin
el pintor, la pintora – der Maler, die Malerin
el espejo – der Spiegel
el rey, la reina – der König, die Königin
Austria – Österreich
la falsificación – die Fälschung

los pasatiempos matemáticos – die Zahlenrätsel
la parada – die Bushaltestelle
subir – einsteigen
bajar – aussteigen
siguiente – folgende
cruzar – überqueren
el río – der Fluss
el kilo – das Kilo
pesar – wiegen
el bote – das Boot
el máximo – das Maximum
se hunda *(Konj. von hundirse)* – er/sie/es geht unter
nuevamente – von neuem

se monta *(Inf. montarse)* – er/sie/es steigt ein
finalmente – zuletzt

el valor – die Bedeutung, der Wert
simbólico/a – symbolisch
optimista – optimistisch
beige – beige
formal – formal
serio/a – ernst

la peña del garaje

la planta – die Etage
perfecto/a – perfekt

El DOSSIER de la CLASE

¡Feliz cumpleaños! – Alles Gute zum Geburtstag!
feliz – glücklich
la cartulina – das feste Papier, der Karton
el calendario – der Kalender
viejo/a – alt
recortar – ausschneiden
decorar – dekorieren
el rotulador – der Filzstift
el discman – der Discman
la grabadora – das Aufnahmegerät
la cámara – die Videokamera
caro/a – teuer

⑤ Tiempo libre

el tiempo libre – die Freizeit
antes de – vor, bevor

1. ¿HACEMOS DEPORTE?
Machen wir Sport?

el voleibol – das Volleyball
el windsurf – das Surfen, Windsurfen
el snowboard – das Snowboarding
la vela – das Segeln
el submarinismo – das Tauchen
el ciclismo – das Rad fahren
nadar – schwimmen
patinar – Schlittschuh/Rollschuh laufen
montar a caballo – reiten

A la ilustración – die Abbildung

B el glosario – die Wörterliste

C el nivel – das Niveau

D haced *(Imp. von hacer)* – macht
la votación – die Abstimmung

Mi vocabulario

2. DOS DEPORTISTAS ESPECIALES
Zwei besondere Sportler

tener en común – gemein haben
la aventura – das Abenteuer
joven – jung
el campeón, la campeona – der Meister, die Meisterin
actual – gegenwärtig
la categoría – die Kategorie
infantil – Kinder-
ha respondido *(Perf. von* responder*)* – er/sie/es hat geantwortet
por fin – endlich
cumplir ... años – ... Jahre alt werden
el aficionado, la aficionada – der Amateur, die Amateurin
entrenar – trainieren
tener ganas – Lust haben
normalmente – normalerweise
el genio – das Genie
el golf – das Golf
cuenta *(Inf.* contar *(ue))* – er/sie/es erzählt
la vida – das Leben
el jugador, la jugadora – der Spieler, die Spielerin
el entrenador, la entrenadora – der Trainer, die Trainerin
participar – teilnehmen
el torneo – das Turnier

D similar – ähnlich
real – echt, wirklich
imaginario/a – erfunden

la chuleta de gramática

el surf – das Surfen
comer – essen
aproximado/a – ungefähr

3. TELEADICTOS
Fernsehsüchtige Jugend

teleadicto/a – fernsehsüchtig

A el permiso – die Erlaubnis
controlar – kontrollieren
el mando a distancia – die Fernbedienung

C dedicar – verbringen mit, widmen
más o menos – mehr oder weniger
dormir – schlafen
arreglar – aufräumen

D el premio – der Preis
entregar – verleihen
la antena – die Antenne

E informad *(Imp. von* informar*)* – informiert
el resto de – der Rest der/des
el equipo – das Team
delante de – vor

4. ¿QUÉ PONEN HOY EN LA TELE?
Was gibt es heute im Fernsehen?

A la programación – das Programm
la cadena de televisión – der Sender
seguro que – sicherlich
aunque – auch wenn, obwohl
entiendas *(Konj. von* entender*)* – du verstehst
reconocer *(zc)* – erkennen
el informativo – die Nachrichtensendung
musical – Musik-
la serie – die Serie
los dibujos animados – der Zeichentrickfilm

B las noticias – die Nachrichten
incluye *(Inf.* incluir *(y))* – er/sie/es beinhaltet
la serie animada – die Zeichentrickserie
la olla – der Kochtopf
mejor – beste/r/s
la receta – das Rezept
vegetariano/a – vegetarisch
subtitulado/a *(Part. von* subtitular*)* – untertitelt
sordo/a – taub
el corazón – das Herz
el magacín – das Magazin
las urgencias – die Notaufnahme
el elefante – der Elefant
el documental – der Dokumentarfilm
el concursante – der Wettbewerbsteilnehmer
enfrentarse – aufeinander treffen
el gol – das Tor
el resumen – der Rückblick
la jornada – der/die/das Tages-
viva – es lebe
último/a – letzte/r/s
la cruzada – der Kreuzzug
pobre – arm
venezolano/a – venezolanisch
el venezolano, la venezolana – der Venezolaner, die Venezolanerin
el clip musical – der Musikclip
el videoclip – der Videoclip
la grande estrella – der große Star

la chuleta de gramática

las actividades habituales – regelmäßige Aktivitäten
habitual – gewöhnlich

5. EN LA FERIA
Auf der Kirmes

la feria – die Kirmes

A me duele *(Inf.* doler *(ue))* – etwas tut mir weh
la tripa – der Bauch
claro – (na) klar!
el mareo – die Übelkeit
¿Te encuentras mal? – Geht es dir schlecht?
resfriado/a – erkältet
el dolor de cabeza – die Kopfschmerzen
¡Qué daño! – Tut das weh!

me he hecho daño *(Perf. von* **hacerse daño)** – ich habe mir wehgetan
la rodilla – das Knie
el miedo – die Angst

B **comprueba** *(Imp. von* **comprobar)** – überprüfe
tratar de + *Inf.* – versuchen

C **descubrir** – herausfinden
el estómago – der Magen
la cabeza – der Kopf
la pierna – das Bein
el ojo – das Auge

6. DEMASIADO TIEMPO TUMBADOS
Zu viel Zeit liegend verbracht

tumbado/a *(Part. von* **tumbar)** – liegend

A **el informe** – der Bericht
el especialista – der Facharzt
la ortopedia – die Orthopädie
aparecido/a *(Part. von* **aparecer)** – erschienen
la salud – die Gesundheit
dedicado/a *(Part. von* **dedicar)** – gewidmet
sentado/a *(Part. von* **sentar)** – sitzend
frente a – vor
la pantalla – der Bildschirm
el televisor – der Fernseher
causar – verursachen
la tensión – die Anspannung
el cuello – der Hals
producir *(zc)* – erzeugen
hacia – nach
arriba – oben
abajo – unten
la ventana – das Fenster
a lo lejos – in die/der Ferne
levantarse – aufstehen
la espalda – der Rücken
al menos – wenigstens
el aire libre – die Frischluft
la cara – das Gesicht
la oreja – das Ohr
la nariz – die Nase
el pecho – die Brust
el pie – der Fuß
la mano – die Hand
el brazo – der Arm
el codo – der Ellbogen
la nalga – die Gesäßhälfte

la chuleta de gramática

el estado – der Zustand
estoy mareado/a – mir ist übel
cansado/a – müde
tengo hambre – ich habe Hunger
tengo sed – ich habe Durst
tengo calor – mir ist heiß
tengo frío – mir ist kalt
tengo sueño – ich bin schläfrig

7. ¿VIENES?
Kommst du?

A **la propuesta** – der Vorschlag
la expresión – der Ausdruck
referirse – sich beziehen auf
quedarse – bleiben
un montón (de) – ein Haufen
la vaca – die Kuh
gratis – gratis, kostenlos
la peli *(Abk. von* **pelicula)** – der Film
la peli de miedo – der Gruselfilm
el partido – das Spiel
contigo – mit dir
rápido – schnell
el sms – die SMS
conmigo – mit mir
estoy aburrido/a – mir ist langweilig
enfermo/a – krank
la fiebre – das Fieber
la tos – der Husten
dejar – lassen
un rato – eine Weile
hasta luego – bis später

B **la situación** – die Situation
la invitación – die Einladung
aceptar – annehmen

8. MÁS INFORMACIÓN, EN INTERNET
Mehr Information, im Internet

el fantasma – das Gespenst
misterioso/a – geheimnisvoll
desaparecer *(zc)* – verschwinden
la versión – die Fassung
no te lo pierdas *(Konj. von* **perder** *(ie))* – lass dir nicht entgehen
el Palacio de Congresos – die Kongresshalle
la entrada – die Eintrittskarte
a partir de – ab
la final – das Endspiel
la Copa del Rey – Copa del Rey *(Pokalspiel)*
el Real Madrid – Real Madrid *(Sportclub)*
el Pamesa Valencia – Pamesa Valencia *(Sportclub)*
el polideportivo – das Sportzentrum
la bolera – die Kegelbahn
el pase – *hier:* die Gruppeneintrittskarte
abierto/a – geöffnet
el refresco – das Erfrischungsgetränk
usado/a – gebraucht
el aniversario – das Jubiläum
el museo – das Museum
jurásico – jurassisch, Jura-
el esqueleto – das Skelett
el triceratops – der Triceratops
el fósil – das Fossil
virtual – virtuell
el tiempo – die Zeit
el dinosaurio – der Dinosaurier

B **anunciar** – annoncieren

C me gustaría (*Konj. von* gustar) – ich würde gern

D simularemos (*Fut. von* simular) – simulieren
el papelito – der Zettel
el pueblo – der Ort
recoger – einsammeln
repartir – verteilen
recibas (*Konj. von* recibir) – du erhältst

la chuleta de gramática

el dentista – der Zahnarzt
proponer – vorschlagen
quedar – sich verabreden
fenomenal – großartig
el deseo – der Wunsch
la película de acción – der Actionfilm

LA REVISTA LOCA

la isla – die Insel
contener (ie) – *hier:* bestehen aus
el siglo – das Jahrhundert
el merengue – der Merengue
actualmente – derzeit
nacional – National-
dominicano/a – dominikanisch
el estilo – der Stil
bailable – tanzbar
afrocaribeño/a – afro-karibisch
desde – seit
el boom – der Boom
los 80 – die Achtzigerjahre
el género – das Genre
la industria – die Industrie

gozar – genießen
reír – lachen
amar – lieben
qué lástima – wie schade!

la actualidad – die Aktualität
adicto/a – abhängig
la adolescente, la adolescente – der Jugendliche,
   die Jugendliche
el ocio – die Freizeit
las maquinitas – die Videospiele
el estudio – die Studie
la juventud – die Jugend
el encuestado, la encuestada – der Befragte, die
   Befragte
suele (*Inf.* soler (ue)) – er/sie/es ist gewohnt
   (etwas) zu tun
como mínimo – wenigstens
afirmar – bestätigen
incluso – sogar
definirse – bezeichnen
diario/a – täglich
el día laborable – der Wochentag
el sector – der Sektor
claramente – deutlich
mayor – größte/r/s
derivado/a de – hervorgehen aus
sacar mala nota – eine schlechte Note bekommen

discutir – sich streiten

C de cultura

estar de moda – in Mode sein
el tango – der Tango
las rancheras – die Rancheras
la cumbia – die Cumbia
la cueca – die Cueca
el béisbol – der Baseball

la peña del garaje

el botón – die Taste

El DOSSIER de la CLASE

la encuesta – die Umfrage

6 De vacaciones

De vacaciones – In den Ferien

1. EL VIAJE DE ELÍAS
Elías' Reise

A el mapa – die Landkarte

B la impresión – der Eindruck
comprueba (*Imp. von* comprobar) – überprüfe
has acertado (*Perf. von* acertar) – du hast richtig
   geraten
interesante – interessant
estoy tomando (*Ger. von* tomar) – ich trinke gerade
he ido (*Perf. von* ir) – ich bin gegangen
he comido (*Perf. von* comer) – ich habe gegessen
el verano – der Sommer
la Tierra de Fuego – Feuerland
la Patagonia – Patagonien
he estado (*Perf. von* estar) – ich bin gewesen
el lobo – der Wolf
el pájaro – der Vogel
he fotografiado (*Perf. von* fotografiar) – ich habe
   fotografiert
el mamífero – das Säugetier
marino/a – Meeres-
la especie – die Art
el ave (*feminin*) – der Vogel
el paisaje – die Landschaft
hace calor – es ist warm
hace buen tiempo – es ist gutes Wetter
he viajado (*Perf. von* viajar) – ich bin gereist
fascinante – faszinierend
rodeado/a (*Part. von* rodear) – umgeben
el templo – der Tempel
el granito – der Granit
el acueducto – der Aquädukt
la fuente – die Quelle
la tumba – die Grabstätte
la terraza – die Terrasse
inmenso/a – immens

la **escalera** – die Treppe
los **restos** – die Überreste
antiguo/a – antik
el **imperio** – das Reich
Inca – Inka
impresionante – beeindruckend
he **visto** *(Perf. von ver)* – ich habe gesehen
Sudamérica – Südamerika
he **llegado** *(Perf. von llegar)* – ich bin angekommen
el **avión** – das Flugzeug
las **islas Galápagos** – die Galapagosinseln
la **costa** – Küste
ecuatoriano/a – ecuadorianisch
el **archipiélago** – die Inselgruppe
la **flora** – die Flora
la **fauna** – die Fauna
ser único/a – einzigartig sein
tomar fotos – Fotos machen
el **galápago** – die Süßwasserschildkröte
gigante – riesig
la **tortuga** – die Schildkröte
la **variedad** – die Vielfalt
he **navegado** *(Perf. von navegar)* – Ich bin mit einem Schiff gefahren
el **león marino** – der Seelöwe
el **delfín** – der Delphin
la **ballena** – der Wal

C **registrar** – (auf Band) aufnehmen
el **detalle** – das Detail

D **encuentres** *(Konj. von encontrar)* – du findest

2. ¿QUÉ TAL VAS DE GEOGRAFÍA?
Wie steht es um deine Erdkundekenntnisse?

la **geografía** – die Erdkunde

A el **Titicaca** – der Titicacasee
el **Caribe** – die Karibik
los **Andes** – die Anden
el **Aconcagua** – der Aconcagua
el **Amazonas** – der Amazonas
el **Orinoco** – der Orinoco
el **Atlántico** – der Atlantik
el **lago** – der See
la **cordillera** – die Gebirgskette
la **montaña** – der Berg

B los **Pirineos** – die Pyrenäen
América Central – Mittelamerika
Andalucía – Andalusien

3. NICARAGUA, UN PAÍS ENTRE DOS OCÉANOS
Nicaragua, ein Land zwischen zwei Ozeanen

el **océano** – der Ozean

A **cerrado/a** *(Part. von cerrar)* – geschlossen
reconstruir – rekonstruieren
la **moneda** – die Währung
principal – Haupt-
el **producto** – das Produkt
limitar – grenzen
el **Océano Atlántico** – der Atlantik
el **Océano Pacífico** – der Pazifik
la **extensión** – die Fläche
étnico/a – ethnisch
mestizo/a – mestizisch
el **mestizo, la mestiza** – der Mestize, die Mestizin
la **descendencia** – die Abstammung
europeo/a – europäisch
el **europeo, la europea** – der Europäer, die Europäerin
africano/a – afrikanisch
el **africano, la africana** – der Afrikaner, die Afrikanerin
el **creol** – *von Afrikanern abstammende Ethnie*
el **amerindio** – der Indianer
el **miskito** – der Miskito-Indianer
el **mayagna** – der Mayagna-Indianer
el **desempleo** – die Arbeitslosigkeit
extremo/a – extrem
la **pobreza** – die Armut
la **córdoba** – der Córdoba *(Währung)*
el **miskito** – das Miskito *(Sprache)*
el **mayagna** – das Mayagna *(Sprache)*
el **café** – der Kaffee
el **azúcar** – der Zucker
el **oro** – das Gold
el **marisco** – die Meeresfrüchte
el **volcán** – der Vulkan
la **reserva natural** – das Naturschutzgebiet
pintoresco/a – malerisch
la **catedral** – die Kathedrale
natal – der/die/das Geburts-
el **poeta** – der Dichter
colonial – Kolonial-
la **población** – die Ortschaft
indígena – *hier:* Indio-
el **indígena, la indígena** – der Indio, die Indiofrau, Indio-
turístico/a – Touristik-
el **buceo** – das Tauchen
la **caminata** – der lange Fußmarsch
el **ecoturismo** – der sanfte Tourismus
el **canopy** – das Canopy
el **kayak** – das Kajak(fahren)
la **pesca** – das Angeln
deportivo/a – Sport-

la chuleta de gramática

situar – die geographische Lage beschreiben
el **lugar** – der Ort
al norte de – nördlich von
Marruecos – Marroko
al sur de – südlich von
al este de – östlich von
al oeste de – westlich von
el **clima** – das Klima
tropical – tropisch
continental – kontinental
mediterráneo/a – mediterran

Mi vocabulario

el tiempo – das Wetter
el viento – der Wind
el sol – die Sonne
nieva *(Inf. nevar)* – es schneit
América Latina – Lateinamerika
el arroz – der Reis
producirse *(zc)* – herstellen

4. UN CONCURSO DE GEOGRAFÍA
Ein Erdkundewettbewerb

A di *(Imp. von decir (i))* – sag
la mentira – die Lüge
Vietnam – Vietnam
África – Afrika
el guaraní – das Guaraní *(Sprache)*
los Estados Unidos – die Vereinigten Staaten
Norteamérica – Nordamerika
el Támesis – die Themse
Nigeria – Nigeria
las islas Canarias – die Kanarischen Inseln
Canadá – Kanada
Argelia – Algerien

C por turnos – abwechselnd
Europa – Europa

5. EL ESPAÑOL SUENA DE MUCHAS MANERAS
Die spanische Sprache kann ganz verschieden klingen

sonar *(ue)* – klingen

A regional – regional
el continente – der Kontinent
solamente – nur
el hispanohablante, la hispanohablante – der spanische Muttersprachler, die spanische Muttersprachlerin
naturalmente – natürlich
alejado/a – weit enfernt, abgelegen
la variante – die Variante
el acento – der Akzent
la entonación – die Intonation

B recitar – vortragen
la estrofa – die Strophe
la plegaria – das Gebet
el labrador – der Bauer
notar – bemerken
levántate *(Imp. von levantarse)* – steh auf
manejar – führen
el curso – der Flusslauf
sembraste *(Indefinido von sembrar)* – du sätest
el vuelo – der Flug
el alma *(feminin)* – die Seele
crecer *(zc)* – wachsen
estrecha *(Imp. von estrechar)* – drück (die Hand)

C la pronunciación – die Aussprache

la chuleta de gramática

el superlativo – der Superlativ
Belice – Belize
el Everest – der Mount Everest
la relativa – der Relativsatz
cultivar – anbauen

6. ¿DÓNDE ESTÁ MI MOCHILA?
Wo ist mein Rucksack?

el armario – der Schrank
el cuarto – das Zimmer
las botas de montaña – die Wanderstiefel
abajo – unten
el saco de dormir – der Schlafsack
debajo – unter
la cama – das Bett
la linterna – die Taschenlampe
la cocina – die Küche
encima de – auf, über
la mesa – der Tisch
la toalla – das Handtuch
el cuarto de baño – das Badezimmer
la bañera – die Badewanne
el balón – der Fußball
el salón – das Wohnzimmer
el sofá – das Sofa
dentro de – in

B la afirmación – die Behauptung
las zapatillas – die Hausschuhe

7. LAS BOTAS, ALLÍ
Die Stiefel, dort

A el campamento – das Zeltlager
la pasta de dientes – die Zahnpasta
la pala – der Schläger
el ping-pong – das Tischtennis
el juego de cartas – das Kartenspiel
el parchís – das Mensch-ärgere-dich-nicht
la cámara de fotos – der Fotoapparat
el colchón – die Matratze
hinchable – aufblasbar
el suelo – der Boden
la bolsa – die Tasche
el bolsillo – die Jackentasche

B el caramelo – das Bonbon

8. NOS VAMOS DE VACACIONES
Wir fahren in die Ferien

A la Semana Santa – die Karwoche
el verano – der Sommer
casi – fast
las colonias – das Ferienlager
el extranjero – das Ausland
proceder – herstammen
aburrirse – sich langweilen

Mi vocabulario

B entrevistado/a *(Part. von entrevistar)* – befragt
bucear – tauchen
el deporte náutico – der Wassersport
el barco – das Schiff
el crucero – die Kreuzfahrt
el Mediterráneo – das Mittelmeer
Grecia – Griechenland
Túnez – Tunesien
la plaza – der Hauptplatz
Irlanda – Irland
perfeccionar – perfektionieren
el camping – das Camping
la autocaravana – das Wohnmobil

9. PREFIERO VIAJAR...
Ich reise lieber...

ecológico/a – ökologisch
de aventura – Abenteuer-
cultural – kulturell, Kultur-
a pie – zu Fuß
el autocar – der Reisebus
alojarse – unterkommen, absteigen
el apartamento – das Appartement
la caravana – der Wohnwagen
lejano/a – fern

10. DE-VACACIONES.COM
im-urlaub.com

A la agencia de viajes – das Reisebüro
virtual – virtuell
además – außerdem
descansar – ausruhen
la plaza – der Platz, *hier:* die Person
el complejo – die Anlage
la discoteca – die Discothek
climatizado/a – klimatisiert
el guía, la guía – der Fremdenführer, die
    Fremdenführerin
la iniciación – die Einführung
a caballo – zu Pferd
el País Vasco – das Baskenland
el paraje – die Gegend
natural – natürlich, unberührt
la belleza – die Schönheit
el parque nacional – der Nationalpark
la cueva – die Höhle
el kilómetro – der Kilometer
la longitud – die Länge
la alfarería – das Töpferhandwerk
el santuario – das Sanktuarium
la cascada – der Wasserfall
contar *(ue)* con – *hier:* haben
totalmente – völlig
equipado/a – ausgestattet
vía satélite – Satelliten-
el canal – der Kanal
la pensión completa – die Vollpension
la diversión – das Vergnügen
el límite – die Grenze
la estrella – der Stern
tan solo – nur

el paso – der Schritt
el parque temático – der thematische Freizeitpark
en las proximidades – in der Nähe
la zona – der Bereich
el metro cuadrado – der Quadratmeter
el jacuzzi, el – der Whirlpool
infantil – Kinder-
el galeón – die Galeone
pirata – Piraten-
semihundido/a – halb untergegangen
el ambiente – das Ambiente
tematizado/a – thematisiert
al grill – vom Grill
la animación – die Animation

la chuleta de gramática

las épocas del año – die Jahreszeiten
la época – die Jahreszeit, der Zeitraum
la primavera – der Frühling
el otoño – der Herbst
el invierno – der Winter
el plan – der Plan
pasado mañana – übermorgen
la Pascua – Ostern

LA REVISTA LOCA

la Amazonia – der Amazonas
la selva – der Dschungel
en peligro – in Gefahr
la hectárea – der Hektar
abarcar – umfassen
la cuenca – das Flussgebiet
amazónico/a – Amazonas-
extenderse *(ie)* – sich erstrecken
Surinam – Suriname
Guayana – Guayana
estar en peligro – in Gefahr sein
en la actualidad – heutzutage
la crisis – die Krise
social – sozial
está desapareciendo – ist dabei zu verschwinden
el ritmo – der Rhythmus
terrible – schrecklich
equivalente a – entsprechend
el campo de fútbol – das Fußballfeld
la industria maderera – die Holzindustrie
el incendio forestal – der Waldbrand
la construcción – der Bau
la carretera – die Landstraße
la expansión – die Ausbreitung
la agricultura – die Landwirtschaft
la ganadería – die Viehzucht
la plantación – der Anbau
la soja – die Soja
la prospección – die Erdölsuche
petrolífero/a – der/die/das Erdöl-
la amenaza – die Bedrohung
enfrentarse – sich gegenüberstehen
la reserva – das Reservat
la biodiversidad – die Artenvielfalt
la tierra – die Erde
conocido/a – bekannt

Mi vocabulario

el bosque – der Wald
el ser humano – der Mensch
directamente – direkt
afectado/a *(Part. von* **afectar)** – betroffen
la muerte – der Tod
lento/a – langsam
el ecosistema – das Ökosystem
indio/a – der/die/das Indio-
la etnia – die Ethnie

los extremos terrestres – Gegensätze auf der Erde
lluvioso/a – regnerisch
Hawai – Hawaii
la media – das Mittel
anual – Jahres-
seco/a – trocken
el desierto – die Wüste
la precipitación – der Niederschlag
inapreciable – nicht wahrnehmbar
caluroso/a – heiß
Arabia Saudí – Saudiarabien
la Antártida – die Antarktis
Spitzbergen – Spitzbergen
el mar Muerto – das Tote Meer

los acertijos de geografía – die Erdkunderätsel
el acertijo – das Rätsel
la vocal – der Vokal
verdadero – wahr
quitan *(Inf.* **quitar)** – sie nehmen weg
Mozambique – Mozambique
romano/a – römisch

C de cultura

el vapor – der Dampf
la nube – die Wolke
la lluvia – der Regen
la nieve – der Schnee
la rueda – das Rad
el verso – der Vers
sencillo/a – einfach
la palma – die Palme
morirse – sterben
echar – werfen, gehen lassen

la espuma – der Schaum
el abanico – der Fächer
la pluma – die Feder

el grado – das Grad

la peña del garaje

la arena – der Sand
el mosquito – die Mücke
la hormiga – die Ameise
la araña – die Spinne

peligroso/a – gefährlich
horrible – schrecklich
el edificio – das Gebäude
el ruido – der Lärm
el humo – der Rauch

El DOSSIER de la CLASE

la enciclopedia – die Enzyklopädie
la diapositiva – das Diapositiv

Repaso de las unidades 4, 5, y 6

1 **referirse a** – sich beziehen auf
el destinatario – der Empfänger
el disco – die Schallplatte
excusarse – sich entschuldigen
el más poblado – am dichtesten besiedelt
relatar – berichten
pasado/a – vergangen

2 **¡Qué lío!** – Was für ein Durcheinander!
la botella – die Flasche

3 **el cuerpo** – der Körper
la leche – die Milch
4 **llevar puesto** – anhaben

6 **el equipaje** – das Gepäck
los patines – die Schlittschuhe, Rollschuhe
ocuparse de – sich kümmern um
el alojamiento – die Unterkunft
la tienda – das Zelt
la colchoneta – die Luftmatratze, Isomatte
el Himalaya – der Himalaja
desierto/a – menschenleer
la palmera – die Palme
el tiburón – der Hai
el pirata – der Pirat

7 **hablador/a** – gesprächig
el padrastro – der Stiefvater
ser alérgico/a (a) – allergisch sein gegen
la fotografía – die Fotografie
de mayor – als Erwachsener/Erwachsene
el director de cine, la directora de cine – der Regisseur, die Regisscurin

8 **el medio de transporte** – das Verkehrsmittel

10 **el sitio** – der Ort

11 **la lata** – die Dose

Hinweise zum alphabetischen Wörterverzeichnis

In diesem Wörterverzeichnis findest du alle Wörter, die im Lehr- und im Arbeitsbuch vorkommen, mit ihrer deutschen Übersetzung im jeweiligen Zusammenhang, in dem das Wort vorgekommen ist.

Der Artikel steht jeweils hinter dem spanischen Substantiv. Zur Erinnerung: Substantive, die mit einem betonten **a** oder **ha** beginnen, stehen – auch wenn sie weiblich sind – im Singular mit dem männlichen Artikel. In diesen Fällen ist das vom Artikel abweichende Geschlecht in Klammern *(feminin)* angegeben.

Alle Verben sind im Infinitiv aufgeführt. Zu Verben mit unregelmäßigen Präsensformen findest du jeweils einen gesonderten Hinweis.

A

a caballo – zu Pferd
a la derecha – rechts
a la izquierda – links
a lo lejos – in die/der Ferne
a partir de – ab
a pie – zu Fuß
a veces – manchmal
a ver – mal sehen
abajo – unten
abanico, el – Fächer
abarcar – umfassen
abecedario, el – Alphabet
abierto/a – geöffnet
abril – April
abuelo/a, el/la – Großvater/Großmutter
aburrido/a – langweilig
aburrirse – sich langweilen
accidente, el – Unfall
acento, el – Akzent
aceptar – annehmen
acertar – richtig raten
acertijo, el – Rätsel
acertijos de geografía – Erdkunderätsel
acompañar – begleiten
Aconcagua, el – Aconcagua
acordarse *(ue)* – sich erinnern
acróbata, el/la – Akrobat/in
actividad, la – Aktivität
actividades habituales – regelmäßige Aktivitäten

actor/actriz, el/la – Schauspieler/in
actuación, la – Aufführung
actual – gegenwärtig
actualidad, la – Aktuelles
actualidad, en la – heutzutage
actualmente – derzeit
acuario – Wassermann
acuático – Wasser-
acueducto, el – Aquädukt
además – außerdem
adicto/a – süchtig
adiós – auf Wiedersehen
adivinar – raten, erraten
adjetivo, el – Adjektiv
adolescente, el/la – Jugendliche/r
aéreo – Luft-
aeróbic, el – Aerobic
afectado/a – betroffen
afición, la – Hobby
aficionado/a, el/la – Amateur/in
afirmación, la – Behauptung
afirmar – bestätigen
África – Afrika
africano/a – afrikanisch, Afrikaner/in
afrocaribeño/a – afro-karibisch
afueras, las – Stadtrand
agencia de viajes, la – Reisebüro
agenda, la – Taschenkalender
agente de seguros, el/la – Versicherungsvertreter/in
agosto – August
agradable – angenehm
agricultura, la – Landwirtschaft
agruparse – sich gruppieren
agua, el *(feminin)* – Wasser
aguantar – ertragen
ahora – jetzt
aire acondicionado, el – Klimaanlage
aire libre, el – Frischluft
aire, el – Luft
ajedrez, el – Schach
al día – pro Tag
al este de – östlich von
al fondo – hinten
al grill – vom Grill
al lado de – neben
al menos – wenigstens
al norte de – nördlich von
al oeste de – westlich von
al sur de – südlich von
albergue, el – Jugendherberge
alegre – fröhlich
alejado/a – weit enfernt, abgelegen
alemán/alemana – deutsch, Deutscher/Deutsche
Alemania – Deutschland
alfarería, la – Töpferhandwerk
algo – etwas
alguien – jemand
algún, alguno/alguna – irgendeine/r/s
alma, el *(feminin)* – Seele
alojamiento, el – Unterkunft

alojarse – unterkommen, absteigen
Alpes, los – Alpen
alquilar – mieten
alto/a – groß
altura, la – Größe
alumno/a, el/la – Schüler/in
allá – dort
allí – da, dort
ama de casa, el *(feminin)* – Hausfrau
amar – lieben
amarillo/a – gelb
Amazonas, el – Amazonas
Amazonia, la – Amazonas
amazónico/a – Amazonas-
ambiental – Umwelt-
ambiente, el – Ambiente
amenaza, la – Bedrohung
América Central – Mittelamerika
América Latina – Lateinamerika
americano/a – amerikanisch, Amerikaner/in
amerindio/a – indianisch, Indianer/in
amigo/a, el/la – Freund/in
amistad, la – Freundschaft
analfabeto/a – Analphabet/in
Andalucía – Andalusien
andaluz/a – andalusisch, Andalusier/in
andar – gehen
Andes, los – Anden
ángel, el – Engel
animación, la – Animation
animal, el – Tier
aniversario, el – Jubiläum
anorak, el – Anorak
anotar – notieren
Antártida, la – Antarktis
ante – vor
antena, la – Antenne
anterior – vorherig
antes de – vor, bevor
antiguo/a – antik
antipático/a – unsympathisch
anual – Jahres-
anunciar – annoncieren
anuncio, el – Anzeige
añadir – hinzufügen
año, el – Jahr
aparecer (zc) – erscheinen, vorkommen
aparecido/a – erschienen
apartamento, el – Appartement
apasionado/a – leidenschaftlich
apellido, el – Nachname
aprender – lernen
aprobado/a – verabschiedet
aproximadamente – ungefähr
aproximado/a – ungefähr
apuntes, los – Notizen
aquí – hier
aquí y allá – hier und dort
árabe, el – Arabisch
Arabia Saudí – Saudiarabien

araña, la – Spinne
árbol, el – Baum
archipiélago, el – Inselgruppe
ardilla, la – Eichhörnchen
arena, la – Sand
Argelia – Algerien
Argentina – Argentinien
argentino/a – argentinisch,
   Argentinier/in
aries – Widder
armario, el – Schrank
armonía, la – Harmonie
arreglar – in Ordnung bringen
arriba – oben
arroba, la – at (*das Zeichen* @)
arroz, el – Reis
artesanía, la – Kunsthandwerk
artículo, el – Artikel
artista, el/la – Künstler/in
asamblea, la – Versammlung
así – so
asignatura, la – Fach
asociar – assoziieren
aspecto físico, el – Aussehen
¡atención! – Achtung!
Atlántico, el – Atlantik
atletismo, el – Leichtathletik
atún, el – Thunfisch
audiovisual – audiovisuell
aula, el (*feminin*) – Klassenzimmer
aumento, el – Zunahme
aunque – auch wenn, obwohl
Austria – Österreich
autobús, el – Bus
autocar, el – Reisebus
autocaravana, la – Wohnmobil
autor/a, el/la – Autor/in
ave, el (*feminin*) – Vogel
aventura, la – Abenteuer
aventura,de – Abenteuer-
averiguar – herausfinden
avión, el – Flugzeug
ayuda, la – Hilfe
ayudar – helfen
azúcar, el – Zucker
azul – blau

B

bailable – tanzbar
bailar – tanzen
baile, el – Tanz
bajar – aussteigen; downloaden
bajito/a – klein
bajo/a – klein
bajo electrónico, el – Elektrobass
balón, el – Fußball
baloncesto, el – Basketball
ballena, la – Wal
banda de música, la – Musikband
banda, la – Band
bañador, el – Badeanzug
bañera, la – Badewanne
barato/a – billig

barba, la – Bart
barco, el – Schiff
barrio, el – Stadtviertel
bastante – ziemlich
batería, el/la – Schlagzeuger/in
batería, la – Schlagzeug
batido, el – Milchshake
beber – trinken
bebida, la – Getränk
beige – beige
béisbol, el – Baseball
belga – belgisch, Belgier/in
Bélgica – Belgien
Belice – Belize
belleza, la – Schönheit
beso, el – Kuss
biblioteca, la – Bibliothek
bien – gut
bien, el – befriedigend
bigote, el – Schnurrbart
biodiversidad, la – Artenvielfalt
blanco/a – weiß
boca, la – Mund
bocadillo, el – belegtes Brötchen
bolera, la – Kegelbahn
bolígrafo, el – Kugelschreiber
Bolivia – Bolivien
bolsa, la – Tasche; Tüte
bolsillo, el – Jackentasche
bonito/a – schön
boom, el – Boom
bosque, el – Wald
botas de montaña, las –
   Wanderstiefel
botas, las – Stiefel
bote, el – Konservenglas
bote, el – Boot
botella, la – Flasche
botón, el – Taste
bragas, las – Schlüpfer
Brasil – Brasilien
brasileño/a – brasilianisch,
   Brasilianer/in
brazo, el – Arm
brillar – strahlen, glänzen
bucear – tauchen
buceo, el – Tauchen
bueno/a – gut
bufanda, la – Schal
burocracia, la – Bürokratie
burrito/a, el/la – Eselchen
buscador, el – Suchmaschine
buscar – suchen

C

caballo, el – Pferd
cabeza, la – Kopf
cabezota – dickköpfig
cable, el – Kabel
cada – jede/r/s
cadena de televisión, la – Sender
café, el – Kaffee
calcular – kalkulieren

calefacción, la – Heizung
calendario, el – Kalender
caliente – warm
caluroso/a – heiß
calvo/a – kahl
callado/a – still
calle, la – Straße
cama, la – Bett
cámara de fotos, la – Fotoapparat
cámara, la – Videokamera
camarero/a, el/la – Kellner/in
caminata, la – langer Fußmarsch
camión, el – Lastwagen
camionero/a, el/la – LKW-Fahrer/in
camiseta, la – T-Shirt
campamento, el – Zeltlager
campeón/campeona, el/la – Meister/in
camping, el – Camping
campo de fútbol, el – Fußballplatz
Canadá – Kanada
canadiense – kanadisch, Kanadier/in
canal, el – Kanal
cáncer – Krebs
canción de la semana, la – Lied der
   Woche
canción, la – Lied
canopy, el – Canopy
cansado/a – müde
cantante, el/la – Sänger/in
cantar – singen
cantarino/a – sangeslustig
cantidad, la – Menge
capital, la – Hauptstadt
capricornio – Steinbock
caprichoso/a – launisch
cara, la – Gesicht
carácter, el – Charakter
caramelo, el – Bonbon
caravana, la – Wohnwagen
Caribe, el – Karibik
cariñoso/a – liebevoll
carne, la – Fleisch
caro/a – teuer
carretera, la – Landstraße
cartel, el – Plakat
cartulina, la – festes Papier, Karton
cascada, la – Wasserfall
casi – fast
castaño/a – kastanienbraun
castellano/a – spanisch
castillo, el – Burg, Schloss
casting, el – Casting
catedral, la – Kathedrale
categoría, la – Kategorie
causar – verursachen
cazadora, la – Jacke
CD, el – CD
CD-Rom, el – CD-Rom
celebrar – feiern
celos, los – Eifersucht
celoso/a – eifersüchtig
cena, la – Abendessen
centro comercial, el –
   Einkaufszentrum

centro, el – Schule
cerca – in der Nähe
cerrado/a – geschlossen
ciclismo, el – Rad fahren
ciencias naturales, las –
   Naturwissenschaften
ciencias sociales, las –
   Sozialwissenschaften
cifra, la – Zahl
cine, el – Kino; hier: Filmen
circo, el – Zirkus
ciudad, la – Stadt
claramente – deutlich
claro/a – hell
¡claro! – (na) klar!
clase, la – Klasse
clasificar – klassifizieren
cliente, el/la – Kunde/Kundin
clima, el – Klima
climatizado/a – klimatisiert
clip musical, el – Musikclip
club, el – Klub
cobra, la – Kobra
cocina, la – Küche
codo, el – Ellbogen
coincidencia, la – Zufall
cola, la – Coca-Cola
cola, la – Pferdeschwanz
colchón, el – Matratze
colchoneta, la – Luftmatratze, Isomatte
cole, el (Abk. für colegio) – Schule
colección, la – Reihe
colega, el/la – Kollege/Kollegin
   (umgangssprachlich für Freund/in)
colegio, el – Schule
colocar – hinzusetzen
Colombia – Kolumbien
colombiano/a – kolombianisch,
   Kolombianer/in
colonial – Kolonial-
colonias, las – Ferienlager
color, el – Farbe
columna, la – Spalte
comedor, el – Schulspeisesaal
comer – essen
comer el coco – verrückt machen
cómic, el – Comic
comida, la – Essen
como – wie
¿cómo? – wie
¡cómo! – wie
¿Cómo te llamas? – Wie heißt du?
como mínimo – wenigstens
cómodo/a – bequem
compañero/a, el/la –
   Klassenkamerad/in
comparar – vergleichen
compartir – teilen
competición, la – Wettkampf
complejo, el – Anlage
completar – ergänzen
compositor/a, el/la – Komponist/in
compra, la – Einkauf
comprar – kaufen, einkaufen

compras, de – beim Einkaufen
comprobar (ue) – überprüfen
compu, la (Abk. für computador) –
   Computer
comunicativo/a – gesprächig
concierto, el – Konzert
conclusión, la – Schlussfolgerung
concursante, el/la –
   Wettbewerbsteilnehmer/in
concurso, el – Wettbewerb
conejo, el – Hase
conferencia, la – Vortrag
conmigo – mit mir
conocer (cz) – kennen
conocido/a – bekannt
consola, la – Konsole
construcción, la – Bau
contaminar – verschmutzen
contar (ue) – zählen; erzählen
contar (ue) con – hier: haben
contener (ie) – hier: bestehen aus
contestar – antworten, beantworten
contigo – mit dir
continental – kontinental
continente, el – Kontinent
continuar – fortführen
controlar – kontrollieren
conversación, la – Gespräch
Copa del Rey, la – Copa del Rey
   (Pokalspiel)
copiar – abschreiben
corazón, el – Herz
corderito/a, el/la – Lämmchen
cordillera, la – Gebirgskette
córdoba, la – Córdoba (Währung)
correcto/a – korrekt
corregir – korrigieren
correo (electrónico), el – E-Mail
corresponder a – gehören zu
correspondiente – entsprechend
corresponsal, el/la – Brieffreund/in
corto/a – kurz
cosa, la – die Sache
Costa Rica – Costa Rica
costa, la – Küste
costar (ue) – kosten
crecer (zc) – wachsen
creer – glauben
creol/a – kreolisch, Kreole/Kreolin
crisis, la – Krise
crítico/a – kritisch
cruz, la – Kreuz
crucero, el – Kreuzfahrt
cruzada, la – Kreuzzug
cruzar – überqueren
cuaderno, el – Heft
cuadro, el – Bild
¿cuál? – welche/r/s?
cualidad, la – Vorzug
cuando – wenn
¿cuánto/a? – wie viele?
¿cuántos/as? – wie viele?
¿Cuántos años tienes? – Wie alt
   bist du?

¿Cuánto es? – Wieviel macht das?
curiosidad, la – Neugier
cuarto de baño, el – Badezimmer
cuarto, el – Zimmer
Cuba – Kuba
cueca, la – Cueca
cuello, el – Hals
cuenca, la – Flussgebiet
cuerpo, el – Körper
cueva, la – Höhle
cultivar – anbauen
cultura, la – Kultur
cultural – kulturell, Kultur-
cumbia, la – Cumbia
cumpleaños, el – Geburtstag
cumplir ... años – ... Jahre alt werden
curioso/a – neugierig
curso, el – Kurs; Flusslauf
charlar – plaudern
chat, el – Chat
chatear – chatten
chaval, el – Junge
chico/a, el/la – Junge/Mädchen
Chile – Chile
chileno/a – chilenisch,
   Chilene/Chilenin
chiquito – klein
China – China
chivato/a – Petzer/in
chocolate, el – Schokolade
chuches, las – Süßigkeiten
chuleta, la – Spickzettel

D

dama de la corte, la – Hofdame
danza, la – Tanz
danza del vientre, la – Bauchtanz
dar – geben
datos, los – Daten, Angaben
de – von
¿De dónde eres? – Woher
   kommst du?
de mayor – als Erwachsener/
   Erwachsene
¿de quién? – von wem?
debajo – unter
deberes, los – Hausaufgaben
decidir – entscheiden
decir (i) – sagen
declaración, la – Erklärung
decorar – dekorieren
decorativo/a – dekorativ
dedicado/a – gewidmet
dedicar tiempo a – Zeit verbringen
   mit, widmen
defecto, el – Mangel
definir – genau beschreiben
definirse – bezeichnen
dejar – lassen
delante de – vor
deletrear – buchstabieren
delfín, el – Delphin
delgado/a – dünn, schlank

demás, los/las – die anderen
demasiado – zu sehr; zu viel
dentista, el/la – Zahnarzt/Zahnärztin
dentro de – in
deporte náutico – Wassersport
deporte, el – Sport
deportista – sportlich
deportista, el/la – Sportler/in
deportivo/a – Sport-
derecho, el – Recht
derivado/a de – hervorgehen aus
desaparecer (zc) – verschwinden
descansar – ausruhen
descendencia, la – Abstammung
descenso, el – Abstieg
describir – beschreiben
descripción, la – Beschreibung
descubrir – herausfinden
descuento, el – Rabatt
desde – seit
desempleo, el – Arbeitslosigkeit
desecho, el – Abfall
deseo, el – Wunsch
desierto, el – Wüste
desierto/a – menschenleer
desordenado/a – unordentlich
despacio – langsam
despedida, la – Abschied, Verabschiedung
despistado/a – zerstreut
después – dann, danach
destinatario, el – Empfänger
detallado/a – detailliert
detalle, el – Detail
detener (g) – verhaften
devolver (ue) – zurückgeben
día laborable, el – Wochentag
diálogo, el – Dialog
diapositiva, la – Diapositiv
diario/a – täglich
días de la semana, los – Wochentage
dibujar – zeichnen
dibujo, el – Zeichnung
dibujos animados, los – Zeichentrickfilm
diccionario, el – Wörterbuch
diciembre – Dezember
diferente – anders
difícil – schwierig
¿Diga? – Hallo? *(Eröffnungsformel des Angerufenen am Telefon)*
dinero, el – Geld
dinosaurio, el – Dinosaurier
diplomático/a – diplomatisch
directamente – direkt
director/a de cine, el/la – Regisseur/in
discman, el – Discman
disco, el – Schallplatte
discoteca, la – Discothek
discutir – sich streiten
diseño asistido por ordenador – CAD *(Computer Aided Design)*

diseño, el – Design
disquetera, la – Diskettenlaufwerk
distinto/a – verschieden
diversión, la – Vergnügen
divertido/a – lustig
DNI, el – Personalausweis
doble – doppelt
documental, el – Dokumentarfilm
documento nacional de identidad, el – Personalausweis
doler (ue) – schmerzen
dolor de cabeza, el – Kopfschmerzen
domador/a, el/la – Dompteur/Dompteuse
domicilio, el – Wohnsitz
domingo, el – Sonntag
dominicano/a – dominikanisch
donde – wo
¿dónde? – wo?
¡dónde! – wo?
dormir – schlafen
dossier, el – Dossier, Mappe
dulce – süß

E

ecológico/a – ökologisch
ecosistema, el – Ökosystem
ecoturismo, el – Ökotourismus
Ecuador – Ecuador
ecuatoriano/a – ecuadorianisch
echar – werfen, gehen lassen
edad, la – Alter
edificio, el – Gebäude
educación física, la – Sportunterricht
educación, la – Bildung, Erziehung
educativo/a – Bildungs-
egoísta – egoistisch
ejercicio, el – Übung
él – er
El Salvador – El Salvador
electrónica, la – Elektronik
elefante, el/la – Elefant/Elefantenkuh
elegir – auswählen
elemento, el – Element
ella – sie
ellas – sie *(feminin)*
ellos – sie *(maskulin)*
emoción, la – Gefühl
emocionante – aufregend
empezar (ie) – beginnen
empollón/a – Streber/in
en – in
enano/a, el/la – Zwerg/in
enciclopedia, la – Enzyklopädie
encima de – auf, über
encontrar (ue) – finden
encontrarse a gusto – sich wohl fühlen
encuesta, la – Umfrage
encuestado/a, el/la – Befragte/r
enero – Januar

enfermería, la – Krankenzimmer
enfermo/a – krank
enfrentarse – aufeinander treffen; sich gegenüberstehen
enlace, el – Link
ensalada, la – Salat
ensayar – proben
entender (ie) – verstehen
entonación, la – Intonation
entrada, la – Eintrittskarte
entrar – hineingehen; ins Internet einloggen
entre – zwischen
entregar – verleihen
entrenador/a, el/la – Trainer/in
entrenar – trainieren
entrevista, la – Interview
entrevistado/a – befragt
época, la – Jahreszeit, Zeitraum
épocas del año, las – Jahreszeiten
equipado/a – ausgestattet
equipaje, el – Gepäck
equipo, el – Team
equivalente a – entsprechend
equivocarse – sich verwählen
escalada, la – Bergsteigen
escalera, la – Treppe
escalopa milanesa, la – Wiener Schnitzel
escorpión – Skorpion
escribir – schreiben
escribirse con – sich schreiben mit
escritor/a, el/la – Schriftsteller/in
escuchar – hören, zuhören
ese/a – diese/r/s
esencial – wesentlich
eslogan, el – Slogan
ESO, la – *Pflichtunterricht der span. Sekundarstufe*
espaguetis, los – Spagetti
espalda, la – Rücken
España – Spanien
español/a – spanisch, Spanier/in
español, en – auf Spanisch
especial – besonders
especialista, el/la – Facharzt/Fachärztin
especialmente – besonders
especie, la – Art
espejo, el – Spiegel
esquema, el – Schema
espuma, la – Schaum
esqueleto, el – Skelett
esquiar – Ski laufen
estación, la – Jahreszeit
estadística, la – Statistik
estado, el – Situation; Zustand
estado físico, el – körperliches Befinden
Estados Unidos, los – Vereinigte Staaten
estadounidense – (nord)amerikanisch, Amerikaner/in
¿Están todos? – Sind alle da?

estar – sein
estar de moda – in Mode sein
estar en peligro – in Gefahr sein
estar enamorado/a de – verliebt sein in
estar interesado/a en – sich interessieren für
estar loco/a por – verrückt sein nach
estatura, la – Körpergröße
este/a/os/as – diese/r/s/n
estilo, el – Stil
esto – das (Demonstrativpron.)
estómago, el – Magen
estoy aburrido – mir ist langweilig
estrechar (la mano) – (die Hand) drücken
estrella, la – Stern
estresante – stressig
estrofa, la – Strophe
estudiante, el/la – Schüler/in
estudiar – lernen
estudiar segundo – in die zweite Klasse gehen
estudio, el – Studie
etapa elemental, la – Grundschulalter
ética, la – Ethik
etnia, la – Ethnie
étnico/a – ethnisch
euro, el – Euro
Europa – Europa
europeo/a – europäisch, Europäer/in
Everest, el – Mount Everest
exagerado/a – übertrieben
examen, el – Klassenarbeit
excursión, la – Ausflug
excusarse – sich entschuldigen
expansión, la – Ausbreitung
experiencia, la – Erlebnis, Erfahrung
expresar – äußern
expresar gustos – Vorlieben äußern
expresión, la – Ausdruck
expresión plástica, la – Kunstunterricht
extenderse (ie) – sich erstrecken
extensión, la – Fläche
extranjero, el – Ausland
extranjero/a – Fremd-, Ausländer/in
extremo/a – extrem
extremos terrestres, los – Gegensätze auf der Erde

F

fácil – einfach
falda, la – Rock
falsificación, la – Fälschung
falso/a – gefälscht
familia, la – Familie
famoso/a – berühmt
fantasma, el – Gespenst
fantástico/a – fantastisch
fascinante – faszinierend
fauna, la – Fauna
favorito/a – Lieblings-

febrero – Februar
fecha, la – Datum
feíto/a – hässlich
¡Felicidades! – Herzlichen Glückwunsch!
feliz – glücklich
¡Feliz cumpleaños! – Alles Gute zum Geburtstag!
femenino/a – feminin
fenomenal – großartig
feo/a – hässlich
feria, la – die Kirmes
ficha, la – Karteikarte
fiebre, la – Fieber
fiel – treu
fiesta, la – Party
fijarse en – achten auf
fin de semana, el – Wochenende
final, la – Endspiel
finalmente – zuletzt
física, la – Physik
físico, el – Aussehen
físico/a – körperlich
flamenco, el – Flamenco
flauta, la – Flöte
flor, la – Blume
flora, la – Flora
fluidez, la – Flüssigkeit
forma, la – Form
formal – formal
formar – bilden
formarse – sich bilden
foro, el – Forum
fósil, el – Fossil
foto, la – Foto
fotografía, la – Fotografie
fotografiar – fotografieren
fotógrafo/a, el/la – Fotograf/in
francés, el – Französisch
francés/francesa – französisch, Franzose/Französin
Francia – Frankreich
frase relativa, la – Relativsatz
frase, la – Satz
frecuencia, la – Häufigkeit
frente a – vor
fresco/a – neu, frisch
frío/a – kalt
fuego, el – Feuer
fuente, la – Quelle
fuera (de) – außerhalb
fuerte – stark
funcionar – funktionieren
fútbol, el – Fußball spielen
futuro, el – Futur

G

gafas, las – Brille
gafas de sol, las – Sonnenbrille
galápago, el – Süßwasserschildkröte
galaxia, la – Galaxis
galeón, el – Galeone
galleta, la – Keks

gameboy, la – Gameboy
ganadería, la – Viehzucht
garaje, el – Garage
gas, el – Kohlensäure
gastar – ausgeben
gato, el – Katze
géminis – Zwilling
general – General-; allgemein
género, el – Genre
generoso/a – großzügig
genial – genial, toll
genio, el/la – Genie
gente, la – Leute
geografía, la – Erdkunde
gigante – riesig
gimnasio, el – Sporthalle
glosario, el – Wörterliste
gol, el – Tor
golf, el – Golf
gordito/a – dicklich
gordo/a – dick
gorra, la – Schirmmütze
gozar – genießen
grabadora, la – Aufnahmegerät
gracias – danke
gracioso/a – witzig
grado, el – Grad
grados, el – Abstufungen
gramática, la – Grammatik
gramo, el – Gramm
grande – groß
grande estrella, la – großer Star
granito, el – Granit
gratis – gratis
gratuito/a – kostenlos
grave – schlimm
Grecia – Griechenland
gris – grau
guante, el – Handschuh
guapo/a – hübsch, schön
guaraní, el – Guaraní
Guatemala – Guatemala
Guayana – Guayana
guerra, la – Krieg
guía, el/la – Fremdenführer/in
guión, el – Konzept
guitarra eléctrica, la – E-Gitarre
guitarra, la – Gitarre
gustar – gern mögen, gefallen
gustos, los – Vorlieben, Geschmack

H

habitación, la – Zimmer
habitante, el/la – Einwohner/in
habitual – gewöhnlich, hier: regelmäßig
hablador/a – gesprächig
hablar de – sprechen über
hacer – machen
hacer buen tiempo – gutes Wetter sein
hacer calor – warm sein
hacerse daño – sich wehtun

hacia – nach
hacia atrás – zurück, nach hinten
hambre, el *(feminin)* – Hunger
hamburguesa, la – Hamburger
hamburguesería, la – Schnellimbiss
hámster, el – Hamster
hasta – bis
hasta luego – bis später
Hawai – Hawaii
hay – es gibt
hectárea, la – Hektar
heladería, la – Eisdiele
helado, el – Eis
hermanastro/a, el/a –
    Stiefbruder/schwester
hermanito/a, el/la – Geschwisterchen
hermano/a mayor, el/la – ältere/r
    Bruder/Schwester
hermano/a menor, el/la – jüngere/r
    Bruder/Schwester
hermano/a, el/la – Bruder/Schwester
herramienta, la – Werkzeug, Hilfsmittel
hierba, la – Gras
hijo/a, el/la – Sohn/Tochter
Himalaya, el – Himalaja
hinchable – aufblasbar
hip-hop, el – Hiphop
hispanohablante – spanischer
    Muttersprachler, spanische
    Muttersprachlerin
historia, la – Geschichte
hola – hallo
Holanda – Holland
hombre, el – Mann
hombro, el – Schulter
homenaje – Ehrung
Honduras – Honduras
hora, la – Uhr, Stunde
horario, el – Stundenplan
hormiga, la – Ameise
horrible – schrecklich
hotel, el – Hotel
hoy – heute
huelo – ich rieche
humo, el – Rauch
hundirse – untergehen

I

icono, el – Symbol, Zeichen
ideal – ideal
idealista – idealistisch
identificar – identifizieren
idioma, el – Fremdsprache
I.E.S., el – *Schule der span.*
    Sekundarstufe
igual – gleich
igual que – genau wie
igualmente – gleichfalls
ilustración, la – Abbildung
imagen, la – Bild
imaginar – sich vorstellen
imaginario/a – erfunden
imaginativo/a – phantasievoll

imbécil, el – Dummkopf
impaciente – ungeduldig
imperio, el – Reich
impersonal – unpersönlich
importante – wichtig
impresión, la – Eindruck
impresionante – beeindruckend
impresora, la – Drucker
inadecuado/a – nicht passend
inapreciable – nicht wahrnehmbar
inca – Inka
incendio forestal, el – Waldbrand
incluir *(y)* – beinhalten
incluso – sogar
increíble – unglaublich
indígena – Indio, Indiofrau, Indio-
indio/a – Indio-
industria maderera, la –
    Holzindustrie
industria, la – Industrie
infancia, la – Kindheit
infanta, la – *spanische Prinzessin*
infantil – Kinder-
infinitivo, el – Infinitiv
influenciable – beeinflussbar
información, la – Information
informar – informieren
informática, la – Informatik,
    Informatikunterricht
informativo, el – Nachrichtensendung
informe, el – Bericht
ingenuo/a – naiv
Inglaterra – England
inglés, el – Englisch
inglés/inglesa – englisch, Engländer/in
iniciación, la – Einführung
injusticia, la – Ungerechtigkeit
inmenso/a – immens
instituto, el – Institut, Schule
insuficiente, el – mangelhaft
inteligente – intelligent
intercambiar – austauschen
interesante – interessant
interesarse por– sich interessieren für
internacional – international
invierno, el – Winter
invitación, la – Einladung
ir – gehen
ir a + *Inf.* – werden + *Inf.*
ir de compras – einen
    Einkaufsbummel machen
Irlanda – Irland
irresponsable – unverantwortlich
isla, la – Insel
islas Canarias, las – Kanarische Inseln
islas Galápagos, las –
    Galapagosinseln
Italia – Italien
italiano/a – italienisch, Italiener/in

J

ja, ja, ja, ja... – Ha, ha, ha, ha...
jacuzzi, el – Whirlpool

jamón serrano, el – Schinken
jamón York, el – Kochschinken
jamón, el – Schinken
Japón – Japan
japonés/japonesa – japanisch,
    Japaner/in
jardín, el – Garten
jersey, el – Pullover
jornada, la – Tages-
joven – jung
judo, el – Judo
juego de cartas, el – Kartenspiel
juego, el – Spiel
jueves, el – Donnerstag
jugador/a, el/la – Spieler/in
julio – Juli
junio – Juni
juntos/as – zusammen
Júpiter – Jupiter
jurásico – jurassisch, Jura-
juventud, la – Jugend

K

karate, el – Karate
kayak, el – Kajak
kilo, el – Kilo
kilómetro, el – Kilometer

L

laboratorio, el – Schullabor
labrador/a, el/la – Bauer, Bäuerin
lado, el – Seite
lago, el – See
lápiz, el – Bleistift
largo/a – lang
lata, la – Dose
latino/a – lateinamerikanisch
latinoamericano/a –
    lateinamerikanisch
leche, la – Milch
leer – lesen
lejano/a – fern
lengua, la – Sprache
lentillas, las – Kontaktlinsen
lento/a – langsam
león marino, el – Seelöwe
león, el – Löwe
letra, la – Buchstabe
levantarse – aufstehen
libanés/libanesa – libanesisch,
    Libanese/Libanesin
libra – Waage
libre – frei
librería, la – Buchhandlung
limitar – grenzen
límite, el – Grenze
limonada, la – Limonade
linterna, la – Taschenlampe
liso/a – glatt
lista, la – Liste
literatura, la – Literatur
litro, el – Liter

llamar – nennen, rufen
llamar por teléfono – anrufen
llamarse – heißen
llegar – ankommen
llegar tarde – zu spät kommen
llevar – tragen
llevar puesto – anhaben
llevarse – mitnehmen
llover *(ue)* – regnen
llueve – es regnet
lluvia, la – Regen
lluvioso/a – regnerisch
lobo, el – Wolf
localidad, la – Wohnort
loco/a – verrückt
locutor/a, el/la – Radiosprecher/in
longitud, la – Länge
lo siento – tut mir Leid
luego – dann, danach
lugar, el – Ort
luna, la – Mond
lunes, el – Montag

M

madre, la – Mutter
maestro/a, el/la – Grundschullehrer/in
mafioso/a, el/la – Mafioso
magacín, el – Magazin, Zeitschrift
maleta, la – Koffer
mamá, la – Mama
mamífero, el – Säugetier
mandar – schicken
mando a distancia, el – Fernbedienung
manejar – führen
manera, la – Art und Weise
mano, la – Hand
manzana, la – Apfel
mañana, la – Morgen
mapa, el – Landkarte
maquinitas, las – Videospiele
mar, el – Meer
mar, la – die See
mar Muerto, el – Totes Meer
marca, la – Marke
marcador, el – Markierer
mareo, el – Übelkeit
marido, el – Ehemann
marisco, el – Meeresfrucht
marrón – braun
marroquí – marokkanisch, Marokkaner/in
Marruecos – Marokko
Marte – Mars
martes, el – Dienstag
marzo – März
más – mehr; plus
más bonito/a – schöner
más o menos – mehr oder weniger
mascota, la – Haustier
masculino/a – maskulin
matar – töten

matemáticas, las – Mathematikunterricht
matemático/a – mathematisch
materia, la – Gebiet, Fach
máximo, el – Maximum
máximo/a – höchste
Mayagna – Mayagna-Indianer, Mayagna-Sprache
mayo – Mai
mayor – größte/r/s
me – mich
mecánica, la – Mechanik
media – halb
media naranja, la – die andere Hälfte
media, la – Mittel, Durchschnitt
medio de transporte, el – Verkehrsmittel
medio/a – durchschnittlich
medio ambiente, el – Umwelt
mediodía, el – Mittag
Mediterráneo, el – Mittelmeer
mediterráneo/a – mediterran
mejor amigo/a, el/la – beste/r Freund/in
mejor, el/la – Beste/r
memorizar – auswendig lernen
menor – unter
menos – weniger
mensaje, el – Nachricht
mentira, la – Lüge
mentiroso/a – verlogen
menú, el – Speisekarte
mercado, el – Markt
Mercurio – Merkur
merengue, el – Merengue
mes, el – Monat
mesa, la – Tisch
mestizo/a – Mestize, Mestizin, mestizisch
metro cuadrado, el – Quadratmeter
mexicano/a – mexikanisch, Mexikaner/in
México – Mexiko
mezclar – mischen
mi – mein/e
mí – mir
miedo, el – Angst
miembro, el – Mitglied
miércoles, el – Mittwoch
millón, el – die Million
millonario/a – Millionär/in
Ministerio del Interior, el – Innenministerium
minuto, el – Minute
mirada, la – Blick
mirar – sehen, ansehen
miskito, el/la – Miskito-Indianer, Miskito-Sprache
mismo/a – selbst; gleich
misterioso/a – geheimnisvoll
mitad, la – Hälfte
mixto, el – gemischt
mochila, la – Rucksack
moda, la – Mode

moderado/a – gemäßigt
moderno/a – modern
moda, de – modisch, modern
mojarse – nass werden
molestar – stören
moneda, la – Währung
monopoly, el – Monopoly
montaña, la – Berg
montar a caballo – reiten
montarse – einsteigen
montón de, un – ein Haufen
moreno/a – dunkelbraun
morirse – sterben
mosquito, el – Mücke
móvil, el – Handy
Mozambique – Mozambique
mucho – sehr; viel
muchos/as – viele
muchas veces – häufig
muerte, la – Tod
mujer, la – Frau
multiplicar por – multiplizieren mit
mundial – Welt-
mundialmente – allgemein
mundo, el – Welt
mundo, en el – auf der Welt
muñeca, la – Puppe
museo, el – Museum
música, la – Musik
música clásica, la – klassische Musik
musical – Musik-
músico, el – Musiker
muy – sehr

N

nacer – geboren sein
nacimiento, el – Geburt
nacional – National-
nacionalidad, la – Nationalität
Naciones Unidas, las – Vereinte Nationen
nada – nichts
nadar – schwimmen
nadie – niemand
nalga, la – Gesäßhälfte
napolitano/a – neapolitanisch
naranja – orange *(Farbe)*
naranja, la – Apfelsine
naranjada, la – Orangensprudel
nariz, la – Nase
natación, la – Schwimmen
natal – Geburts-
nativo/a, el/la – (unter einem Sternzeichen) Geborene/r
natural – natürlich, unberührt
naturaleza, la – Natur
naturalmente – natürlich
navegar – mit dem Schiff fahren; im Internet surfen
navegar por Internet – im Internet surfen
Navidad, la – Weihnachten
Navidades, las – Weihnachtsfeiertage

necesario/a – notwendig
necesitar – brauchen; müssen
negativo/a – negativ
negro/a – schwarz
Neptuno – Neptun
nervioso/a – nervös
nevar *(ie)* – schneien
ni… ni… – weder...noch
Nicaragua – Nicaragua
nick, el – Benutzername
nieve, la – Schnee
Nigeria – Nigeria
ninguno/a – keine/r/s
niño/a, el/la – Junge/Mädchen
nivel, el – Niveau
no... nada – überhaupt nicht
no... ni – weder...noch
noche, la – Nacht
nombre, el – Name, Vorname
normal – normal
normalmente – normalerweise
Norteamérica – Nordamerika
nota, la – Note
notable, el – gut
notar – bemerken
noticia, la – Nachricht
noticias, las – Nachrichten
noviembre – November
novio/a, el/la – Freund/in
nube, la – Wolke
nuevamente – von neuem
nuevo/a – neu
numerales, los – Zahlwörter
número, el – Zahl
nunca – nie
nutrición, la – Ernährung

O

o – oder
objeto, el – Objekt
obligatorio/a – Pflicht-
observación, la – Kommentar
observar – betrachten; kommentieren
Océano Atlántico, el – Atlantik
Océano Pacífico, el – Pazifik
océano, el – Ozean
80, los – Achtzigerjahre
ocio, el – Freizeit
octubre – Oktober
ocuparse de – sich kümmern um
odiar – hassen
oferta, la – Angebot
oír – hören
ojo, el – Auge
oler – riechen
olvidar – vergessen
olla, la – Topf
opción, la – Möglichkeit,
   Wahlmöglichkeit
opinión, la – Meinung
optimista – optimistisch
oralmente – mündlich
orden, el – Reihenfolge

ordenado/a – ordentlich
ordenador, el – Computer
ordenar – aufräumen
oreja, la – Ohr
orejones, el/la – Segelohr
organizar – organisieren, ordnen
orgulloso/a – stolz
original – originell
originalidad, la – Originalität
Orinoco, el – Orinoco
oro, el – Gold
ortopedia, la – Orthopädie
os – euch
oscuro/a – dunkel
otoño, el – Herbst
otra vez – noch einmal
otro/a – (ein/e) andere/r/s

P

padrastro, el – Stiefvater
padre, el – Vater
padres, los – Eltern
padrino/madrina, el/la –
   Patenonkel/Patentante
página, la – Seite
País Vasco – Baskenland
país, el – Land
paisaje, el – Landschaft
pájaro, el – Vogel
pala, la – Schläger
palabra, la – Wort
Palacio de Congresos, el –
   Kongresshalle
palmera, la – Palme
palomar, el – Taubenschlag
palomitas, las – Popcorn
Pamesa Valencia, el – Pamesa
   Valencia *(Sportclub)*
pan de molde, el – Toastbrot
Panamá – Panama
pantalones de esquí, los – Skihose
pantalones, los – Hose
pantalla, la – Bildschirm
papá, el – Papa
papelería, la – Papierwarenhandlung
papelito, el – Zettel
paquete, el – Schachtel
parada, la – Bushaltestelle
Paraguay – Paraguay
paraje, el – Gegend
parar – anhalten; aufhören
parchís, el – Mensch-ärgere-dich-nicht
parecer *(zc)* – scheinen, erscheinen
parecido/a – ähnlich
pareja, la – Paar
parque, el – Park
parque nacional, el – Nationalpark
parque temático, el – thematischer
   Freizeitpark
parte, la – Teil
partes del día, las – Tageszeiten
participar – teilnehmen
particular – besonders

partido, el – Spiel
pasado mañana – übermorgen
pasado/a – vergangen
pasar – verbringen
pasarlo bomba – eine tolle Zeit haben
pasatiempos matemáticos, los –
   Zahlenrätsel
pasatiempos, los – Rätsel
Pascua, la – Ostern
pase, el – *hier:* Gruppeneintrittskarte
pasión, la – Leidenschaft
paso, el – Schritt
pasta de dientes, la – Zahnpasta
Patagonia, la – Patagonien
patatas fritas, las – Pommes frites
patatas, las – Kartoffeln
paté, el – Pastete
patinar – Schlittschuh/Rollschuh laufen
patines, los – Schlittschuhe,
   Rollschuhe
patio, el – Schulhof
patrulla, la – Polizeistreife
payaso, el – Clown
paz, la – Frieden
pecho, el – Brust
pedir – bestellen
pegar – kleben
peli, la *(Abk. für película)* – Film
película de acción, la – Actionfilm
película de miedo, la – Gruselfilm
peligro, en – in Gefahr
peligroso/a – gefährlich
pelirrojo/a – rothaarig
pelo, el – Haar
peluche, el – Plüschtier
pendientes, los – Ohrringe
pensar *(ie)* – denken
pensión completa – Vollpension
peña, la – Clique
peor – Schlimmste
pequeño/a – klein
perder *(ie)* – verlieren
no perderse *(ie)* – sich nicht
   entgehen lassen
perfeccionar – perfektionieren
perfecto/a – perfekt
perfume, el – Parfüm
perfumería, la – Kosmetikgeschäft
perilla, la – Kinnbart
permiso, el – Erlaubnis
permitir – erlauben
periodista, el/la – Journalist/in
pero – aber
perrito/a, el/la – Hündchen
perro, el – Hund
personaje, el – Persönlichkeit
personal – persönlich
Perú – Peru
pesar – wiegen
pesca, la – Angeln
pesimista – pessimistisch
petrolífero/a – Erdöl-
peyorativo/a – herabsetzend
pez, el – Fisch

piano, el – Klavier
pichón, el – Täubchen
pie, el – Fuß
pierna, la – Bein
pila, la – Batterie
ping-pong, el – Tischtennis
pintor/a, el/la – Maler/in
pintoresco/a – malerisch
pintura, la – Malerei
piña, la – Ananas
pirata – Piraten-
pirata, el/la – Pirat/in
Pirineos, los – Pyrenäen
piscina, la – Schwimmbad
piscis – Fische
pista de tenis, la – Tennisplatz
pizarra, la – Tafel
pizza, la – Pizza
plan, el – Plan
planeta, el – Planet
planta, la – Etage
planta, la – Pflanze
plantación, la – Anbau
plato, el – Gericht
playa, la – Strand
plaza, la – Hauptplatz; Platz, *hier:* Person
plegaria, la – Gebet
pluma, la – Feder
plural, el – Plural
Plutón – Pluto
población, la – Ortschaft
poblado/a – besiedelt
pobre – arm
pobreza, la – Armut
pocos/as – wenig
poco – wenig
poco (de), un – ein bisschen
poder – können
poeta, el – Dichter
policía, la – Polizei
polideportivo, el – Sportzentrum
política, la – Politik
Polonia – Polen
pollo, el – Hähnchen
poner – setzen, stellen, legen; bringen
popular – beliebt
por – durch
por allí – dort entlang
por ejemplo – zum Beispiel
por escrito – schriftlich
por eso – deshalb
por favor – bitte
por fin – endlich
por la mañana – vormittags
por la tarde – nachmittags
por lo menos – wenigstens
por mail – über E-Mail
por semana – pro Woche
por turnos – abwechselnd
porque – weil
Portugal – Portugal
portugués/portuguesa – portugiesisch, Portugiese/Portugiesin

posesivo, el – Possessivpronomen
posesivo/a – besitzergreifend
positivo/a – positiv
postal, la – Postkarte
practicar – üben, *hier:* Spanisch sprechen
practicar deporte – Sport treiben
precioso/a – herrlich
precipitación, la – Niederschlag
preferencia, la – Vorliebe
preferiblemente – vorzugsweise
preferido/a – Lieblings-
preferir *(ie)* – vorziehen
pregunta, la – Frage
preguntar – fragen
premio, el – Preis
preparar – vorbereiten
presentación oral, la – mündlicher Vortrag
presentarse – sich vorstellen
Pretérito Perfecto, el – Perfekt
previsión, la – Wettervorhersage
primavera, la – Frühling
primer/a – erste/r
primero – zuerst
primero de ESO – *entspricht der 7. Klasse*
primer plano, en – im Vordergrund
primo/a, el/la – Cousin/e
principal – Haupt-
privado/a – Privat-
probar – probieren, kosten
problema, el – Problem
proceder – herstammen
producir *(zc)* – erzeugen
producirse *(zc)* – herstellen
producto, el – Produkt
profesor/a, el/la – Lehrer/in
programa, el – Programm
programación, la – Programm
prometer – versprechen
pronombre personal, el – Personalpronomen
pronunciado/a – ausgesprochen
proponer – vorschlagen
propuesta, la – Vorschlag
prospección, la – Erdölsuche
protagonista, el/la – Hauptfigur
provincia, la – Provinz
proximidades, las – Nähe
próximo/a – nächste
pueblo, el – Ortschaft, Dorf
puente, el – Brücke
pues – also
puntuar – benoten

Q

¿qué? – welche/r/s?
¡que daño! – Tut das weh!
¿Qué hora es? – Wie spät ist es?
qué lástima – wie schade!
¿Qué tal? – Wie geht's?
¡qué lío! – Was für ein

Durcheinander!
quedar – sich verabreden
quedarse – bleiben
querer *(ie)* – möchten, wollen
queso, el – Käse
¿quién? – wer?
¿Quién se anima? – Wer hat Lust?
química, la – Chemie
quitar – wegnehmen

R

ración, la – Portion
racismo, el – Rassismus
radio, la – Radio
rancheras, las – Rancheras
rápido – schnell
raqueta de ping pong, la – Tischtennisschläger
rasgo, el – Eigenschaft, Charaktereigenschaft
rato, un – eine Weile
ratón, el – Maus
real – echt, wirklich
Real Madrid, el – Real Madrid *(Sportclub)*
realista – realistisch
realmente – wirklich
rebajar – im Preis heruntersetzen
rebajas, las – Ausverkauf
receta, la – Rezept
recibir – erhalten
reciclaje, el – Recycling
reciclar – wiederverwerten
reciente – vor kurzem geschehen
recitar – vortragen
recoger – einsammeln
recomendar *(ie)* – empfehlen
reconocer *(zc)* – erkennen
reconstruir – rekonstruieren
recordar *(ue)* – erinnern
recorrer – eine Strecke zurücklegen
recortar – ausschneiden
recreo, el – Pause
rechazar – absagen
redacción, la – Aufsatz
referirse – sich beziehen auf
reflexionar – nachdenken
refresco, el – Erfrischungsgetränk
regalar – (ver)schenken
regalo, el – Geschenk
región, la – Gegend, Region
regional – regional
registrar – (auf Band) aufnehmen
reír – lachen
relación, la – Beziehung
relacionar – verbinden
relajante – entspannend
relatar – berichten
relativa, la – Relativsatz
religioso/a – religiös
reloj, el – Uhr
repartir – verteilen
repaso, el – Wiederholung

repetir *(i)* – wiederholen
representar – aufführen
República Dominicana, la –
  Dominikanische Republik
reserva natural, la –
  Naturschutzgebiet
reserva, la – Reservat
resfriado/a – erkältet
resolver *(ue)* – lösen
responder – antworten
responsable – verantwortungsbewusst
respuesta, la – Antwort
resto, el – Rest
restos, los – Überreste
resultado, el – Ergebnis
resumen, el – Rückblick
retrato, el – hier: Steckbrief
reunirse con – sich treffen mit
revisar – überarbeiten
revista, la – Magazin, Zeitschrift
rey/reina, el/la – König/-in
rima, la – Reim
río, el – Fluss
risa, la – Lachen
ritmo, el – Rhythmus
rizado/a – gelockt
robot, el – Roboter
rock, el – Rock
rodeado/a – umgeben
rodilla, la – Knie
rojo/a – rot
romano/a – römisch
romántico/a – romantisch
ropa de marca, la – Markenkleidung
ropa, la – Kleidung
rosa – rosa
rotulador, el – Filzstift
rubio/a – blond
rueda, la – Rad
rugby, el – Rugby
ruido, el – Lärm
Rusia – Russland
ruso/a – russisch, Russe/Russin

S

sábado, el – Samstag
saber – wissen; kennen; können
sacar mala nota – eine schlechte
  Note bekommen
saco de dormir, el – Schlafsack
sagitario – Schütze
salchicha, la – Bockwurst
salchichón, el – Dauerwurst
salida, la – Schulschluss
salir *(g)* con – ausgehen mit
salón, el – Wohnzimmer
salsa, la – Salsa
salto, el – Sprung
salud, la – Gesundheit
saludo, el – Gruß, Begrüßung
santuario, el – Sanktuarium
Saturno – Saturn

se – sich
seco/a – trocken
secreto, el – Geheimnis
sector, el – Sektor
secundaria, la – Sekundarstufe
secundario/a – sekundär
según – gemäß
segundo/a – zweite/r
seguramente – sicher
seguridad, la – Sicherheit
seguro/a – sicher
seguro que – sicherlich
seis – sechs
sello, el – Briefmarke
selva, la – Dschungel
Semana Santa, la – Karwoche
semana, la – Woche
sembrar – säen
semihundido/a – halb untergegangen
sencillo/a – einfach
senderismo, el – Wandern
sensacional – sensationell
sensible – sensibel
sentado/a – sitzend
sentarse *(ie)* – sich setzen
señalar – hindeuten auf
septiembre – September
ser – sein
ser alérgico/a (a) – allergisch sein
  gegen
ser conveniente – angebracht sein
ser humano, el – Mensch
ser único/a – einzigartig sein
serie, la – Serie
serie animada, la – Zeichentrickserie
serie de, una – eine Reihe
serio/a – ernst
servicios, los – Toiletten
servir *(i)* – (be)dienen
sexo, el – Geschlecht
sí – ja
si – wenn
siempre – immer
siglo, el – Jahrhundert
significado, el – Bedeutung
signo, el – Zeichen
siguiente, el/la – der/die/das
  folgende
sílaba, la – Silbe
sílaba tónica, la – betonte Silbe
simbólico/a – symbolisch
similar – ähnlich
simpático/a – sympathisch
simular – simulieren
sin – ohne
sincero/a – aufrichtig
singular, el – Singular
sitio, el – Ort; Website
situación, la – Situation
situar – die (geographische) Lage
  beschreiben
sms, el – SMS
snowboard, el – Snowboarding
sobre – über

sobre ruedas – auf Rädern
sobre todo – besonders
sobresaliente, el – sehr gut
social – sozial
sofá, el – Sofa
soja, la – Soja
sol, el – Sonne
solamente – nur
soler *(ue)* – gewohnt sein (etwas
  zu tun)
sombrero, el – Hut
sólo – nur
solo/a – einzig/e
solución, la – Lösung
sonar *(ue)* – klingen
sonido, el – der Laut
sonrisa, la – Lächeln
soñador/a – verträumt
soñar *(ue)* – träumen
sopa, la – Suppe
sordo/a – taub
subir – einsteigen
submarinismo, el – tauchen
subtitulado/a (para sordos) –
  untertitelt
sucio/a – schmutzig
sudadera, la – Sweatshirt
Sudamérica – Südamerika
suelo, el – Boden
suerte, la – Glück
suficiente, el – ausreichend
suizo/a – schweizerisch,
  Schweizer/in,
superlativo, el – Superlativ
surf, el – Surfen
Surinam, el – Suriname
sustantivo, el – Substantiv

T

tabla, la – Tabelle
tacaño/a – geizig
taller, el – Werkstatt
también – auch
Támesis, el – Themse
tampoco – auch nicht
tan – so
tan solo – nur
tango, el – Tango
tarde, la – Nachmittag
tarjeta, la – Karte
tauro – Stier
te – dich
¿Te encuentras mal? – Geht es dir
  schlecht?
teatro, el – Theater
teclado, el – Tastatur
tecnología, la – Technologie
telaraña, la – Spinnennetz
teleadicto/a – fernsehsüchtig
teléfono, el – Telefon
televisión, la – Fernsehen
televisor, el – Fernseher
tema, el – Thema

Mi vocabulario

tematizado/a – thematisiert
templo, el – Tempel
tener *(ie)* – haben
tener derecho a – Recht haben auf
tener en común – gemein haben
tener ganas – Lust haben
tener hambre – Hunger haben
tener idea – Ahnung haben
no tener ni idea – keine Ahnung haben
tener interés – Interesse haben
tener que + *Inf.* – müssen
tener sed – Durst haben
tener sueño – schläfrig sein
tengo calor – mir ist heiß
tengo frío – mir ist kalt
tenis, el – Tennis
tensión, la – Anspannung
teñido/a – gefärbt
tercero de ESO – *entspricht der 9. Klasse*
terminar – enden, beenden
terraza, la – Terrasse
terrestre – Erd-
terrible – schrecklich
test, el – Test
texto, el – Text
tiburón, el – Hai
tiempo – Wetter
tiempo libre, el – Freizeit
tiempo, el – Zeit
tienda de ropa, la – Boutique
tienda, la – Geschäft
tienda de campaña, la – Zelt
Tierra de Fuego, la – Feuerland
tierra, la – Erde
tilde, la – Akzent
tímido/a – schüchtern
tío/a, el/la – Onkel/Tante
tipo, el – Typ
Titicaca, el – Titicacasee
toalla, la – Handtuch
tocar – (ein Instrument) spielen
tocar a – an der Reihe sein
todo el mundo – alle, jedermann
todo tipo de – jede Art von
todos los días – jeden Tag
todos/as – alle
tomar – nehmen; trinken
tomar fotografías – fotografieren
tomar fotos – Fotos machen
tomar notas – Notizen machen
¡Tome! – Bitte!
tomate, el – Tomate
tontería, la – Dummheit
torneo, el – Turnier
tortilla de patatas, la – Kartoffelomelett
tortuga, la – Schildkröte
tos, la – Husten
totalmente – völlig

tozudo/a – eigensinnig
trabajador/a – fleißig
trabajar – arbeiten
tranquilo/a – ruhig
transporte escolar, el – Schulbus
trapecista, el/la – Trapezkünstler/in
triceratops, el – Triceratops
tripa, la – der Bauch
tropical – tropisch
trueno, el – Donner
tu – dein/e
tú – du
tumba, la – Grabstätte
tumbado/a *(Part. von* **tumbar***)* – liegend
Túnez – Tunesien
turístico/a – Touristik-

U

último/a – letzte/r/s
un/una – ein/e *(unbest. Artikel)*
uniforme, el – Schuluniform
Urano – Uranus
urgencias, las – Notaufnahme
Uruguay – Uruguay
usado/a – gebraucht
usar – benutzen
uso, el – Gebrauch
usted – Sie *(höfliche Anrede einer Person)*
ustedes – Sie *(höfliche Anrede mehrerer Personen)*
utilizar – benutzen

V

vaca, la – Kuh
vacaciones, las – Ferien
vacaciones, de – in den Ferien
vago/a – faul
vale – in Ordnung
valiente – mutig
valor, el – Bedeutung; Wert
vapor, el – Dampf
vaqueros, los – Jeans
variable – schwankend
variante, la – Variante
variedad, la – Vielfalt
vecino/a, el/la – Nachbar/in
vegetariano/a – vegetarisch
vela, la – Segeln
veneno, el – Gift
venezolano/a – venezolanisch, Venezolaner/in
Venezuela – Venezuela
ventana, la – Fenster
Venus – Venus
ver – sehen
ver la televisión – fernsehen

verano, el – Sommer
verbo, el – Verb
¿verdad? – nicht wahr?
verdad, la – Wahrheit
verdadero – wahr
verde – grün
versión, la – Fassung
verso, el – Vers
vestido, el – Kleid
vestir *(i)* – sich kleiden; anziehen
vestirse *(i)* – sich anziehen
vía satélite – Satelliten-
viajar – reisen
vida, la – Leben
vídeo, el – Videorecorder
videoclip, el – Videoclip
videojuego, el – Videospiel
viejo/a – alt
viento, el – Wind
viernes, el – Freitag
Vietnam – Vietnam
viñeta, la – Comicbild
virgo – Jungfrau
virtual – virtuell
visitar – besuchen
viva – es lebe
vivir – leben
vocabulario, el – Vokabular
vocal, la – Vokal
volcán, el – Vulkan
voleibol, el – Volleyball
votación, la – Abstimmung
votado/a – gewählt
votar – wählen
voto, el – Wahlstimme
voz, la – Stimme
voz alta, en – laut
voz baja, en – leise
vuelo, el – Flug
vuestro/a – euer/eure

W

web, la – Webseite
windsurf, el – Surfen, Windsurfen

Y

y – und
yo – ich

Z

zapatillas, las – Hausschuhe
zapatillas de deporte, las – Turnschuhe
zodiaco, el – Sternzeichen
zona, la – Bereich
zumo, el – Saft